Gegner oder Geschwister?

Theologie für die Gemeinde

Im Auftrag der Ehrenamtsakademie
der Ev.-Luth. Landeskirche Sachsens herausgegeben
von Heiko Franke und Wolfgang Ratzmann

Gedruckt mit Unterstützung der Vereinigten
Evangelisch-Lutherischen Kirche Deutschlands (VELKD)

Band IV/1

Rainer Eckel / Hans-Peter Großhans

Gegner oder Geschwister?

Glaube und Wissenschaft

EVANGELISCHE VERLAGSANSTALT
Leipzig

Bibliographische Information der Deutschen Nationalbibliothek
Die Deutsche Nationalbibliothek verzeichnet diese Publikation in der
Deutschen Nationalbibliographie; detaillierte bibliographische Daten
sind im Internet über http://dnb.dnb.de abrufbar.

© 2015 by Evangelische Verlagsanstalt GmbH · Leipzig
Printed in Germany · H 7880

Das Buch wurde auf alterungsbeständigem Papier gedruckt.

Cover: Kai-Michael Gustmann, Leipzig
Coverfoto: © Wolfgang Kloehr – Fotolia.com
Layout und Satz: Steffi Glauche, Leipzig
Druck und Binden: BELTZ Bad Langensalza GmbH

ISBN 978-3-374-03193-1
www.eva-leipzig.de

Vorwort

Das spannende Verhältnis von Glaube und Wissenschaft spiegelt sich nicht nur im Verhältnis der Theologie zu anderen Wissenschaftsgebieten oder in verschiedenen öffentlichen und kirchlichen Diskursen zu gesellschaftlichen und ethischen Fragen wider, sondern auch in den Diskussionen in Kirchengemeinden und Jugendgruppen oder im Leben so manches Christenmenschen, der zugleich fromm und von wissenschaftlichem Geist berührt zu sein versucht. Dieses Büchlein in der Reihe »Theologie für die Gemeinde« ist das Resultat einer Kooperation eines Naturwissenschaftlers und eines evangelischen Theologen, die beide auf ihre je eigene Weise Glauben und Wissenschaftlichkeit zueinander ins Verhältnis setzen. Für heutige Christen in einer hochmodernen Gesellschaft wie der deutschen ist die Beziehung zwischen Glaube und Wissenschaft häufig im eigenen Leben und in den eigenen inneren Diskursen präsent. Dabei hat dieses Verhältnis viele Facetten, die in einem überschaubaren Taschenbuch gar nicht alle angesprochen und behandelt werden können. So kann und will dieses Büchlein nicht beanspruchen, alle Themen und Aspekte, die zum Verhältnis von Glaube bzw. Theologie und Wissenschaft bedacht werden könnten und vielleicht auch sollten, zu behandeln. Die Autoren haben aus einer Fülle von Themen eine Auswahl getroffen, von der sie hoffen, dass diese das Interesse der Leserinnen und Leser trifft und sie zu eigenem Nachdenken und weiterem Nachforschen anregt. Sie haben versucht, die komplexen Sachverhalte so einfach wie möglich zu formulieren, ohne trivial zu werden. Wer sich mit dem Thema »Wissenschaft« beschäftigt, muss sich zumindest ein wenig auf das Niveau der Wissenschaften einlassen. Eine noch einfachere Darstellung war vielfach nicht möglich, weil die Themen schwierig, komplex und unanschaulich sind.

Die Autoren widmen dieses Büchlein Eberhard Jüngel, in dessen Existenz Glaube und Wissenschaft glücklich vereint sind, zu seinem 80. Geburtstag im Dezember 2014.

Inhalt

Einleitung

Spätestens seit dem »Fall Galilei« hat sich in das europäische Bewusstsein der Verdacht eingeschlichen, das Christentum sei ein Gegner der Wissenschaft – zumindest einer Wissenschaft, die sich allein der methodisch gesichert gewonnenen Erkenntnis verpflichtet weiß und sich insofern als frei versteht. Die Gegnerschaft wurde verstärkt, weil umgekehrt die Wissenschaft in Anspruch genommen wurde, um nicht nur gegen eine Bevormundung durch die Kirche zu protestieren, sondern überhaupt gegen die Kirche, das Christentum und die Religion zu kämpfen. Davon wissen z. B. Christen ein Lied zu singen, die dies in der Deutschen Demokratischen Republik oder in anderen Staaten in Mittel- und Osteuropa erlebt haben, in denen der dialektische Materialismus herrschende Ideologie war. So wurden im Laufe der letzten drei Jahrhunderte Glaube und Wissenschaft oft als Gegner wahrgenommen. Auf der einen Seite steht dann der christliche Glaube, der nicht alle Erkenntnisse, die von den Wissenschaften hervorgebracht werden, als gut und sinnvoll fürs Leben der Menschen, ja, aller Geschöpfe, betrachten und deshalb das wissenschaftliche Weltbild und die wissenschaftliche Rationalität nicht uneingeschränkt bejahen mag. Auf der anderen Seite steht die Wissenschaft, die im christlichen Glauben, der Kirche und überhaupt in der Religion insgesamt ein Fortschrittshemmnis sieht und gegen die Orientierung religiöser Menschen an vormodernen Weltbildern und Sozialordnungen wissenschaftliche Aufklärung zu setzen versucht.

Wenn nun Glaube und Wissenschaft zueinander ins Verhältnis gesetzt und miteinander verglichen werden sollen, so mag dies wie ein Vergleich zwischen einem Pferd und einem Computer erscheinen. Es soll etwas verglichen werden, was auf den ersten Blick nicht vergleichbar erscheint, weil es sich um ganz verschiedene Dinge handelt. Der Glaube ist eine geistliche Lebenspraxis von Menschen; die Wissenschaft ist eine methodische Erforschung der natürlichen und sozialen, aber auch der geistigen Welt des Menschen sowie ein systematisches Nachdenken über die Möglichkeit solcher Erforschung. Vergleichbar erscheint auf den ersten Blick dagegen das Verhältnis von Theologie und Wissenschaft. Denn Theologie versteht sich selber als Teil der Wissenschaft, indem in ihr das Gesamte des christlichen Glaubens und des Christentums methodisch erforscht und systematisch formuliert wird. Das Verhältnis von Theologie und Wissenschaft gehört in der Theologie zu den Standardthemen und wird eigens innerhalb der Dogmatik (aber auch der exegetischen Fächer, der Kirchengeschichte und der Praktischen Theologie) bzw. der Fundamentaltheologie erörtert. Innerhalb des Gesamten der Wissenschaften wird diese Frage, auf welche Weise die Theologie zum Haus der Wissenschaft gehört, in der Wissenschaftstheorie behandelt. In Deutschland ist es derzeit am Anfang des 21. Jahrhunderts weitgehend unumstritten, dass die Theologie eine Wissenschaft ist und zum Haus der Wissenschaft – und insofern auch zu einer Universität – gehört. In vielen anderen Län-

> »Der Glaube ist eine geistliche Lebenspraxis von Menschen; die Wissenschaft ist eine methodische Erforschung der natürlichen und sozialen, aber auch der geistigen Welt des Menschen.«

dern ist dies jedoch nicht so. Dort wird die Theologie als eine interne Sache der Kirchen betrachtet (und von diesen durchaus intensiv gepflegt), während an den Universitäten das Christentum – wenn überhaupt – innerhalb der Religionswissenschaft untersucht wird. Gerade dieses Phänomen zeigt, dass eine Untersuchung des Verhältnisses von Theologie und Wissenschaft eine immer wieder neu zu leistende Aufgabe ist, die auch bearbeitet werden kann, weil hierbei Ähnliches miteinander verglichen und in Beziehung zueinander gesetzt wird.

Bei dem Vergleich von Glaube und Wissenschaft wird dagegen eine religiöse Lebensform und Lebenspraxis mit einer theoretischen Untersuchung in Beziehung gesetzt. Der Glaube ist in erster Linie keine Theorie, sondern eine geistliche Lebensform. Die Wissenschaft realisiert sich dagegen weitgehend in Form von Theorien und bringt – jedenfalls heutzutage – nur sehr indirekt auch eine bestimmte Lebensform mit sich (wie z. B. die Existenz als Laborratte oder als Elfenbeinturmbewohner).

> »Der Glaube ist in erster Linie keine Theorie, sondern eine geistliche Lebensform. Die Wissenschaft realisiert sich dagegen weitgehend in Form von Theorien.«

Worin liegen dann die Berührungspunkte zwischen Glaube und Wissenschaft, die es erlauben, die Frage zu beantworten, ob Glaube und Wissenschaft eher Gegner oder eher Verbündete sind? Die Berührungspunkte liegen in einer ersten Betrachtung zumindest auf drei Ebenen.

Zum Ersten ist der christliche Glaube und insgesamt die Religion Gegenstand der Wissenschaft. Die Religionswissenschaft hat in den letzten Jahrzehnten des 20. Jahrhunderts und zu Beginn des 21. Jahrhunderts Konjunktur. Auch das Christentum ist – wie alle anderen Religionen – Gegenstand religionswissenschaftlicher Untersuchung. Eine längere Geschichte als die Religionswissenschaft hat die Religionsphilosophie, die auf eine nochmals andere Weise als die Religionswissenschaft den Glauben und die Religion insgesamt untersucht und gewissermaßen vom Standpunkt der Vernunft aus reflektiert. Dabei stellt sich u. a. die Frage, ob die Wissenschaft dabei dem Glauben überhaupt gerecht werden und den Glauben adäquat untersuchen kann.

Zum Zweiten enthält der christliche Glaube, der in erster Linie eine geistliche Lebensform ist, eine ganze Reihe von Annahmen und Folgerungen über die natürliche, die geistige und die soziale Welt des Menschen. Wie passen diese Annahmen und Folgerungen des Glaubens mit den aktuellen Erkenntnissen der Wissenschaften zusammen? Der christliche Glaube gewinnt seine Erkenntnisse über sein geistliches Leben, aber auch über das Verhältnis des Menschen zu seiner natürlichen Mitwelt und die Grundsätze der sozialen Welt aus Schriften, die mindestens rund 2000 Jahre alt sind. Wie verhalten sich solche Erkenntnisse aus einer alten Welt zu den wissenschaftlichen Erkenntnissen in den Natur-, Geistes- und Sozialwissenschaften der Gegenwart?

»Der christliche Glaube beansprucht nicht nur, eine weisheitliche Lebensorientierung und Lebensführung zu bieten, sondern auch Erkenntnis mit sich zu bringen.«

Zum Dritten hat der christliche Glaube sich selbst schon früh auf wissenschaftliche Weise zu reflektieren versucht. Der christliche Glaube beansprucht nicht nur, eine weisheitliche Lebensorientierung und Lebensführung zu bieten, sondern auch Erkenntnis mit sich zu bringen (vgl. Kol 2,3; 1 Tim 2,4; 2 Tim 3,7). Dies hat dann zur Ausbildung einer spezifischen Theologie geführt, die schon früh in der Geschichte des Christentums zum Ausdruck kommt. Der Streit der Apostel Paulus und Petrus, den wir aus der Sicht des Paulus beschrieben in seinem Brief an die Galater (Gal 2) dokumentiert finden, ist schon ein erster Beleg für die dem christlichen Glauben innewohnende Tendenz, eine Theologie und also eine argumentative Besinnung und Auseinandersetzung über die Wahrheit des Evangeliums und die wahre christliche Lehre und Praxis auszubilden. Die christliche Theologie hat sich dann über die vielen Jahrhunderte hinweg bis in die Gegenwart immer auch in Rezeption und Auseinandersetzung mit der Wissenschaft der jeweiligen Zeit entwickelt. Insofern führt die Frage nach dem Verhältnis von Glaube und Wissenschaft auch auf das Gebiet der Theologie, auf dem der christliche Glaube von seinem eigenen Standpunkt aus wissenschaftlich untersucht und reflektiert wird.

1 Die Wissenschaften aus Sicht der Theologie

Wenn wir nach der Sicht des christlichen Glaubens auf die Wissenschaften fragen, dann könnten wir zuerst die biblischen Bücher daraufhin sichten, ob und wie die Wissenschaften der jeweiligen Zeit darin in den Blick kommen. Der Befund fiele freilich geringfügig aus.

»Im Neuen Testament gelten als der deutlichste Berührungspunkt von Wissenschaft und Glaube die sogenannten Heiligen Drei Könige: astronomisch und astrologisch kundige Gelehrte, die aufgrund ihres Wissens die Geburt des Messias bezeugen.«

Wir könnten beispielsweise die Schöpfungsgeschichte im ersten Kapitel der Bibel in Betracht ziehen, in der sich das Weltwissen aus der Zeit der Abfassung dieses Schöpfungstextes spiegelt. Darüber hinaus finden sich an verschiedenen Stellen im Alten Testament Beobachtungen zum Universum oder zu Pflanzen und Tieren, die allesamt den Kenntnisstand der jeweiligen Zeit reflektieren. Im Neuen Testament gelten als der deutlichste Berührungspunkt von Wissenschaft und Glaube die sogenannten Heiligen Drei Könige: astronomisch und astrologisch kundige Gelehrte, die aufgrund ihres Wissens die Geburt des Messias bezeugen.

Gleichwohl entspricht das naturkundliche und kosmologische Wissen der biblischen Zeiten nicht dem, was wir heute unter Wissenschaft

»Das heutige Wissenschaftsverständnis beginnt sich im 11. und 12. Jahrhundert ansatzweise zu entfalten.«

verstehen. Das heutige Wissenschaftsverständnis beginnt sich im 11. und 12. Jahrhundert ansatzweise zu entfalten.

Deshalb erscheint es sinnvoll, bei einigen prominenten Theologen der darauffolgenden Jahrhunderte zu sichten, wie ihre Einstellung zur und ihre theologische Beurteilung der Wissenschaft war.

1.1 Einheit der Methode: Thomas von Aquin

Thomas von Aquin (1225–1274) hatte die Hochschätzung der Naturwissenschaften und insgesamt der Philosophie von seinem Lehrer Albertus Magnus (1200–1280) gelernt. Albert war ein Universalgelehrter. Er kannte die zeitgenössische und die klassische Literatur. Er sorgte insbesondere für die Akzeptanz der Schriften des Aristoteles in der christlichen Welt. Die Schriften des Aristoteles boten eine Erklärung der Welt und des Lebens ohne Bezug auf Einsichten heiliger Schriften und göttlicher Offenbarungen, sondern allein aus Beobachtungen und vernünftigen Überlegungen. Aristoteles bot damit auch eine Methode an, Wissen zu gewinnen, die in der Folge das Verständnis von Wissenschaft für viele Jahrhunderte prägte. Nach Albert ist es die Aufgabe der Naturwissenschaft, »die in den Naturerscheinungen wirkenden Ursachen zu erforschen« (Magnus, 1994: 5). Daraus ergibt sich dann das Verhältnis solcher Naturwissenschaft und Naturkunde zum Glauben:

> »In der Naturforschung ... haben wir nicht zu untersuchen, ob und wie der Schöpfer-Gott nach seinem vollkommen freien Willen durch unmittelbares Eingreifen sich seiner Geschöpfe bedient, um durch ein Wunder seine Allmacht kundzutun. Wir haben vielmehr einzig und allein ... zu erforschen, was im Be-

reich der Natur durch natureigene Kräfte auf natürliche Weise alles möglich ist« (Magnus, 1994: 7).

Mit dieser Einstellung, sagt Albert von sich, habe er »selber ... nach allen Seiten die Anatomie der Bienen untersucht« (Magnus, 1994: 5). Diese Einstellung zu der Naturwissenschaft hat dann Konsequenzen für deren Verhältnis zu Glaube und Theologie sowie im Blick auf die Quellen, aus denen das vorhandene Wissen geschöpft wird: »In Sachen der Glaubens- und Sittenlehre ist dem Augustinus eher und mehr zu glauben als den Philosophen ... Spräche Augustinus aber über Medizinisches, so würde ich dem Galenos und dem Hippokrates mehr trauen. Falls er über naturwissenschaftliche Dinge spricht, glaube ich mehr dem Aristoteles oder einem anderen Fachmann der Naturkunde« (Magnus, 1994: 9). Die theologische Autorität des Mittelalters, Augustinus (354–430), wird nicht als kompetente Instanz für alle Gebiete des Wissens betrachtet. Vielmehr gibt es neben der Heiligen Schrift und den gelehrten theologischen Schriften noch weitere wichtige Bücher, die als Quelle des Wissens dienen. Zudem hat die Naturwissenschaft eine ihr eigene Erkenntnismethode. Spätestens von Albertus Magnus an wird das Verständnis von Wissenschaft geprägt, das auch heute noch relevant ist: Wissenschaft ist die Erforschung von Ursachen und der kausalen Zusammenhänge von Ereignissen.

»Wissenschaft ist die Erforschung von Ursachen und der kausalen Zusammenhänge von Ereignissen.«

Während bei Albertus Magnus der Eindruck entstehen mag, dass er der Naturwissenschaft einen Bereich der Selbstständigkeit neben den in der Theologie formulierten Erkenntnissen des Glaubens verschaffen wollte, so wird bei seinem Schüler Thomas von Aquin deutlich, dass es um eine aktive und produktive Verbindung von Wissenschaft und Glaube ging. Am deutlichsten wird dies in der Übernahme des von Albert propagierten aristotelischen Wissenschaftsverständnisses in die Theologie bei Thomas von Aquin. Es wird also nicht nur die Emanzipation der Naturwissenschaft von Glaube und Theologie begrüßt, sondern umgekehrt sogar das naturwissenschaftliche Wissenschaftsverständnis konstruktiv in der Theologie angewandt. Die Theologie bzw. die heilige Lehre wird von Thomas ausdrücklich selbst als Wissenschaft verstanden. Zwar scheint es, dass die Theologie keine Wissenschaft sei, weil eine Wissenschaft sich in Prinzipien gründet, die durch sich selbst einsichtig sind. Bei der heiligen Lehre des Christentums sei dies jedoch anders, da diese ja gerade auf Glaubenssätze zurückgehe, die nicht durch sich selbst einsichtig seien und folglich auch nicht von allen Menschen akzeptiert werden (vgl. Summa Theologica I: q 1, a 2). Wie sehr Thomas an einem harmonischen Verhältnis von Glaube und Theologie zu den Wissenschaften seiner Zeit gelegen war, sieht man an den Anstrengungen, die er unternahm, um zu zeigen, dass die Theologie trotz dieses auf Anhieb überzeugend wirkenden Einwands eine Wissenschaft ist.

> »Es wird also nicht nur die Emanzipation der Naturwissenschaft von Glaube und Theologie begrüßt, sondern umgekehrt sogar das naturwissenschaftliche Wissenschaftsverständnis konstruktiv in der Theologie angewandt.«

> »Die heilige Lehre ist eine Wissenschaft. Aber es gibt eine doppelte Art von Wissenschaft. Die eine stützt sich auf Prinzipien,

die durch das natürliche Licht des Verstandes einsichtig sind, wie z. B. die Zahlenlehre, die Raumlehre u. a.; eine zweite Art auf Prinzipien, die durch das Licht einer höheren, übergeordneten Wissenschaft einsichtig sind. Und zu dieser zweiten Art von Wissenschaft zählt die heilige Lehre, weil sie sich auf Prinzipien stützt, die durch das Licht einer höheren Wissenschaft erkannt werden, nämlich der Wissenschaft Gottes und der Seligen. Wie sich also die Musik auf die Prinzipien verläßt, die ihr von der Arithmetik vermittelt werden, so nimmt die heilige Lehre die Prinzipien gläubig an, die ihr von Gott offenbart sind« (vgl. Summa Theologica I: q 1, a 2).

Die Theologie ist zwar eine der untergeordneten Wissenschaften, weil sie ihre Prinzipien von einer anderen Wissenschaft her hat: Gleichwohl verfährt sie methodisch wie jede andere Wissenschaft von Prinzipien, Grundsätzen und ersten Ursachen ausgehend und ist insofern ganz und gar Wissenschaft. Dies gilt unbeschadet der von Thomas gemachten, heutzutage aber nicht mehr auf Anhieb einleuchtenden Voraussetzung, dass es eine Wissenschaft Gottes gebe und Gott der christlichen Lehre ihre Prinzipien offenbare. Sind diese Prinzipien erstmals akzeptiert, dann verfährt die Theologie mit ihnen nach dem Verständnis von Thomas, wie jede andere Wissenschaft es mit ihren Prinzipien auch macht. Entsprechend kennt dann auch die Lehre des christlichen Glaubens ein Beweisverfahren, das demjenigen in anderen Wissenschaften, z. B. der Mathematik, ganz ähnlich ist. Mit diesen Beweisverfahren geht es weder in der Theologie noch in einer anderen Wissenschaft nach Auffassung des Thomas um eine Rechtfertigung der dem Erkennen und Wissen zugrunde gelegten Prinzipien, sondern darum, aus den Prinzipien Schlussfolgerungen zu ziehen und also eine neue

Wahrheit abzuleiten. Thomas nimmt die wissenschafts-
theoretische Diskussion seiner Zeit produktiv auf und überarbeitet die Erkenntnis- und Lehrbildung
des christlichen Glaubens, die Theologie,
konstruktiv mit dem Wissenschaftsverständnis seiner Zeit. Ob etwas eine Wissenschaft ist, zeigt sich in erster Linie methodisch. Dies lässt sich nach Thomas
auch in der Erkenntnis- und Lehrbildung des christlichen
Glaubens realisieren. Thomas wollte für seinen Umgang mit
den Inhalten des Glaubens etwas von der Wissenschaft seiner Zeit konstruktiv lernen. Der
Glaube kann im Horizont der Wissenschaft methodisch reflektiert
bedacht und in eine Form des Wissens gebracht werden. Gleichwohl
sieht Thomas die Grenzen einer
wissenschaftlichen Behandlung des
Glaubens: »Vernunftbeweise sind … nicht imstande, die
Wahrheit des Glaubens zu begründen« (Summa theologica
I: q 1, a 8 ad 1).

> »Ob etwas eine
> Wissenschaft
> ist, zeigt sich in
> erster Linie
> methodisch.«

> »Der Glaube kann im
> Horizont der Wissen-
> schaft methodisch
> reflektiert bedacht und
> in eine Form des Wis-
> sens gebracht werden.«

Die Wahrheit des Glaubens ist einer wissenschaftlich
verfahrenden Theologie vorgegeben und damit auch
ihre Prinzipien. Was jedoch aus dieser Wahrheit des
Glaubens folgt, ja, wie sie überhaupt zu begreifen und zu
formulieren ist, dies muss dann auf wissenschaftlich methodische Weise ermittelt werden. Zu einer Wissenschaft, deren Wissenschaftlichkeit aus ihrer Methode

folgt, gehört auch die Einsicht in die Grenzen des Verfahrens: Gerade der Versuch, die Wahrheit des Glaubens mittels der Vernunft zu beweisen, würde die Theologie unwissenschaftlich werden lassen.

1.2 Lobpreis der Vernunft: Martin Luther

In einer universitären Disputation im Jahr 1536 »Über den Menschen« formulierte Martin Luther (1483–1546) Thesen, in denen er den Menschen aus zwei Perspektiven zu erkennen und zu begreifen versuchte: aus der Sicht der Philosophie und aus der Sicht der Theologie bzw. des Glaubens. Die Philosophie steht hier für eine wissenschaftliche Anthropologie. Diese Disputation ist für das Verhältnis von Wissenschaft und Glaube nicht nur deshalb interessant, weil derselbe Erkenntnisgegenstand (der Mensch) in den zwei Perspektiven von philosophischer Wissenschaft und Theologie bzw. Glaube zu erkennen versucht wird. Sie ist auch deshalb interessant, weil Luther in dem ersten Teil der Disputation, in dem er die Erkenntnis des Menschen aus Sicht der Philosophie darlegt, ein Loblied auf die menschliche Vernunft vorträgt und darin auch auf eine allein von der Vernunft geleitete Wissenschaft.

Nach der philosophischen Definition ist der Mensch »ein vernunftbegabtes, sinnenhaftes, körperliches ... Lebewesen« (Luther, 1536: 663–669.665). Mit dieser klassischen Definition wird der Mensch zuerst einmal eingeordnet in die Fülle aller Lebewesen, insbesondere der Tiere. Unter diesen hat der

Mensch die Besonderheit, eine Vernunftseele zu haben. Gerade dieses, die Vernunft, die den Menschen zu einem besonderen Tier macht, ist nun für Luther in philosophischer, wissenschaftlicher Perspektive »die Hauptsache von allem ... und vor allen übrigen Dingen dieses Lebens das Beste und etwas Göttliches« (Luther, 1536: 663–669.665). Diese herausragende Ausstattung des Menschen mit der Vernunft zeigt sich besonders daran, dass sie, die Vernunft, »die Erfinderin und Lenkerin aller [freien] Künste, der Medizin, der Rechtswissenschaft und alles dessen, was in diesem Leben an Weisheit, Macht, Tüchtigkeit und Ruhm von Menschen besessen wird« (Luther, 1536: 663–669.665), ist.

> »Mit dieser klassischen Definition wird der Mensch zuerst einmal eingeordnet in die Fülle aller Lebewesen, insbesondere der Tiere. Unter diesen hat der Mensch die Besonderheit, eine Vernunftseele zu haben.«

Mit den Künsten sind die zu jener Zeit unter dem Oberbegriff »Philosophie« an den Universitäten gelehrten sieben freien Künste (Arithmetik, Geometrie, Musik, Astronomie, Grammatik, Rhetorik, Dialektik) gemeint. In der Universität des 16. Jahrhunderts kamen zu diesen philosophischen Fächern die drei praktisch ausgerichteten Studienfächer Jura, Medizin und Theologie hinzu. Es ist damit deutlich, dass Luther in seiner Formulierung gerade auch die Wissenschaften – allerdings ohne die Theologie – im Blick hat, wenn er die Leistungsfähigkeit und Lebensdienlichkeit der Vernunft preist. Die Vernunft »soll eine Sonne und eine göttliche Macht sein, gegeben, um diese Dinge in diesem Leben zu verwalten« (Luther, 1536: 663–669.665).

In allen Bereichen und Aspekten menschlichen Lebens außer der Religion kann und soll der Mensch die zu seiner geschöpflichen Ausstattung gehörende Vernunft gebrauchen, um kreativ das je individuelle und das gemeinschaftliche Leben weiter zu entwickeln und zu erhalten. Dazu dienen auch die Wissenschaften mit der Ausbildung der mathematischen, sprachlichen, musischen und kosmologischen Kenntnisse und Kompetenzen (in den freien Künsten) sowie den spezifischen Kenntnissen zur Erhaltung des Lebens in der Medizin und für eine lebensdienliche und befriedende Sozial- und Rechtsordnung in der Rechtswissenschaft. Für das Verhältnis von Glaube und Wissenschaft ist Luthers explizite Feststellung von Bedeutung, dass »auch nach dem Fall Adams … Gott der Vernunft diese Majestät nicht genommen, sondern vielmehr bestätigt« (Luther, 1536: 663–669.665) hat. Nach Luthers Auffassung bedarf der Mensch in seiner wissenschaftlichen Erforschung und wissenschaftlich reflektierten Gestaltung der Welt und des menschlichen Lebens keiner Grundorientierung durch den Glauben, um der Erhaltung und Wohlordnung des Lebens zu dienen. Luthers Hochschätzung der menschlichen Vernunft gilt jedoch nicht auf dem Gebiet des Glaubens und der Theologie. Die theologische Perspektive auf den Menschen würde falsch, wenn sie von der Vernunft entworfen würde.

> **»In allen Bereichen und Aspekten menschlichen Lebens außer der Religion kann und soll der Mensch die zu seiner geschöpflichen Ausstattung gehörende Vernunft gebrauchen, um kreativ das je individuelle und das gemeinschaftliche Leben weiter zu entwickeln und zu erhalten.«**

»Die Theologie … definiert aus der Fülle ihrer Weisheit den ganzen und vollständigen Menschen. … Nämlich, dass der

Mensch Gottes Geschöpf ist, das aus Fleisch und einer lebendigen Seele besteht, vom Anfang an zum Bild Gottes gemacht ohne Sünde, dass er sich vermehre und über die Dinge herrsche und niemals sterbe. ... Aber nach dem Fall Adams der Macht des Teufels unterworfen, der Sünde und dem Tod, beides Übel, die durch seine Kräfte nicht zu überwinden und ewig sind. ... Und dass [das Geschöpf] nur durch den Sohn Gottes, Christus Jesus, (wenn es an ihn glaubt) befreit und mit der Ewigkeit des Lebens beschenkt werden kann« (Luther, 1536: 667).

Diese Einsicht in die Geschöpflichkeit des Menschen, in dem sich Gott selbst auf Erden als seinem Bild darstellt, aber auch in den nicht aufzuhaltenden Fall des Menschen und seine von ihm selbst nicht zu überwindende Unterwerfung unter die Macht des Bösen und des Todes und auch in die Befreiung und Rettung für die Ewigkeit durch Jesus Christus kann der Mensch nicht aus seiner Vernunft erzeugen und auch nicht mit seiner Vernunft aus der Reflexion des Lebens gewinnen.

Die wirklich fundamentalen Bedingungen und der umfassende Horizont menschlichen Lebens liegen außerhalb der dem Menschen eigenen Erkenntnis- und Gestaltungsmöglichkeiten. Bei diesen Themen menschlichen Lebens geht es um Glauben und nicht um wissenschaftliches, vernünftiges Erforschen. Das Einzige, was Menschen hier mit ihrer Vernunft und insofern auch wissenschaftlich erkennen und bedenken können, ist die Unterscheidung zwischen dem, was ihre Sache, und dem, was eben nicht ihre Sache, sondern Gottes Sache ist. Und im Blick auf das, was in jedem menschlichen Leben Gottes Sache ist, gibt es dann für den Menschen nur Furcht und Vertrauen: die zwei Grundemotionen, die nach Luther den Glauben an Gott kennzeichnen. Gerade Vertrauen kann jedoch durch die Vernunft nicht erzeugt werden.

Es gehört zu der von Luther unter der Herrschaft von Sünde, Tod und Teufel diagnostizierten Konfusion, dass Menschen versuchen, Vertrauen zu anderen Menschen und selbst zu Gott auf vernünftige Überlegungen und Überzeugungen zu begründen – womit sie das Wesen von Vertrauen vollkommen verkennen. Ebenso trägt zu dieser Konfusion bei, dass Menschen andererseits dort auf der Basis von Vertrauen handeln, wo menschliches Handeln auf vernünftigen Überlegungen basieren sollte. Diese Konfusion lässt sich täglich in der Politik und in der Wirtschaft beobachten, wenn in diesen Gebieten des Lebens nicht auf der Basis von Vernunft (und also wissenschaftlicher Einsicht), sondern von spekulierendem Vertrauen gehandelt und gelebt wird.

Von Luthers Überlegungen zum Verhältnis von Vernunft und Glaube her kommt ein Modell in den Blick, in dem die Wissenschaften frei von religiösen Vorgaben und natürlich auch religiöser Bevormundung sich auf vernünftige Weise all dessen widmen, was es auf dieser

Erde und in den Weiten des Weltalls zu erforschen gibt und was es auf Erden technisch und sozial (politisch, rechtlich) um der Erhaltung des Lebens und des Bebauens und Bewahrens der Schöpfung willen zu gestalten gilt. Der Glaube wiederum wird missverstanden, wenn er auf dieselbe Weise wie andere Lebensvollzüge und Gebiete des Lebens von der Vernunft wissenschaftlich behandelt wird. Insofern markieren Glaube und Theologie auch die Grenze von Vernunft und Wissenschaft. Glaube und Theologie haben im Blick auf die Wissenschaften entsprechend die Aufgabe, diese dann zu kritisieren, wenn sie nicht mehr vernünftig, sondern z. B. ideologisch sind, oder wenn sie Dimensionen, Aspekte und Vollzüge des Lebens der wissenschaftlichen Rationalität unterwerfen, in denen es um Vertrauen – um Glaube, Liebe und Hoffnung – geht und die in einer wissenschaftlichen Behandlung vollkommen missverstanden werden.

1.3 Lob der Weisheit Gottes: Johannes Calvin

Wie Luther war auch Johannes Calvin (1509–1564) der Auffassung, dass sich Glaube und Vernunft, Theologie und Wissenschaft nicht widersprechen können, wenn sie jeweils richtig verstanden werden und sich an ihre jeweiligen Gebiete und Methoden halten. Wie sich Calvin das Verhältnis von Glaube und Wissenschaft in ihrer Unterschiedenheit und ihrem Zusammenhang vorstellte, lässt sich gut an seiner Auslegung der Schöpfungsgeschichte in 1Mose 1 verdeutlichen. In der Auslegung der Verse 14 bis 16 kommt Calvin auf das Verhältnis des (seiner Meinung nach) von Mose verfassten Textes zu den Einsichten der Astronomie seiner Zeit zu sprechen. Generell sind die Theologen des 16. Jahrhunderts durch die zeitgenössische Astronomie herausgefordert. Dies gilt auch für die reformatorischen Theologen, weil sie sich dem Schriftprinzip verpflichtet wissen. 1543 veröffentlichte Kopernikus sein Werk »De revolutionibus orbium coelestium: Über die Umläufe der Himmelskreise«. Darin entfaltete er seine neue Einsicht, dass die Erde sich einmal am Tag um ihre eigene Achse drehe und einmal im Jahr um die feststehende Sonne kreise. Diese Erkenntnisse schienen im Widerspruch zu biblischen Auskünften zu stehen, wie z. B. Ps 75,4 (»Die Erde mag wanken ..., aber ich halte ihre Säulen fest«), Ps 104,5 (»der du das Erdreich gegründet hast auf festen Boden, dass es bleibt immer und ewiglich«) oder Jos 10,13 (»So blieb die Sonne stehen mitten am Himmel und beeilte sich nicht unterzugehen fast einen ganzen Tag«). Gerade die bibeltreuen Reformatoren waren durch Kopernikus herausgefordert (wie später dann die römischen Theologen im Fall Galileo Galilei). Spätere reformatorische Theologen folgten jedoch bereitwillig den neuen wissenschaftlichen Einsichten, wie z. B. der Lutheraner Andreas Osiander (1498–1552), der ein Vorwort zum Werk des Kopernikus schrieb. Trotz seiner Bedenken gegen den Heliozentrismus entwickelte Calvin in seiner Auslegung der Schöpfungsgeschichte ein harmonisches Verhältnis von

> **»Generell sind die Theologen des 16. Jahrhunderts durch die zeitgenössische Astronomie herausgefordert.«**

biblischen Texten (und ihren Auskünften und Implikationen) und wissenschaftlichen Erkenntnissen. Einer völligen Ablösung der Naturwissenschaften vom Glauben stand er kritisch gegenüber – wie auch umgekehrt einer Theologie, in der die Werke der Schöpfung gar nicht mehr beachtet und bedacht werden.

»Beides ist verkehrt: mit aller Kraft des Geistes Naturforschung treiben und dabei Gott vergessen, – und ebenso das andere, in ungesunder, törichter Neugier das reine Sein Gottes suchen wollen und dabei für die Werke des Schöpfers kein Auge haben. Alles Erforschen der Natur, das den Schöpfer aus dem Blick verliert, ist verkehrtes Forschen. Die Natur nutzen und ihren Schöpfer nicht anerkennen ist schändlicher Undank« (Calvin, 1956: 6).

Die Betrachtung der Schöpfung soll »uns fördern im wahren Wissen um Gott« (Calvin, 1956: 8). Calvin hat bei der Betrachtung der Schöpfung jedoch eher eine allgemeine Naturkunde als die Naturwissenschaft im Blick. Denn die Kenntnis der Natur ist nützlich für das menschliche Leben. Dies beginnt bereits bei der Kenntnis des Sonnen- und Mondlaufs, wie er in Auslegung von 1Mose 1,14 ausführt.

> **»Die Betrachtung der Schöpfung soll ›uns fördern im wahren Wissen um Gott‹.«**

Die »Lichter« am Himmel, die Tag und Nacht unterscheiden, geben Zeichen, deren Kenntnis einen zweifachen Nutzen hat: »zunächst für unser natürliches Leben, dann auch für die Gesellschaftsordnung« (Calvin, 1956: 17). Beim natürlichen Leben hat Calvin dabei vor allem die Landwirtschaft im Blick. Bei der Bedeutung von Sonne und Mond für die Gesellschaftsordnung denkt Calvin an die Rolle kalendarischer Systeme für gemeinsame Terminfestlegungen z. B. – ökonomisch – bei Verträgen und Märkten oder – kulturell bzw. religiös – bei Festen. In der Auslegung von 1Mose 1,16 hält Calvin explizit fest, »daß Mose keine Naturwissenschaft treiben will« (Calvin, 1956: 18). Den Unterschied von Mose zu einem Naturforscher beschreibt Calvin folgendermaßen:

>»Die Forscher beweisen uns mit ausreichenden Gründen, daß der Saturn, der wegen seiner Entfernung außerordentlich klein erscheint, den Mond an Größe übertrifft. Man halte den Unterschied wohl im Auge: Mose schrieb in schlichter Form, so daß ohne Wissenschaft und Bildung jeder ihn begreifen kann. Jene aber erforschen mit großer Mühe, was Menschenscharfsinn nur erfassen kann. Ihre Forschungen sind darum nicht zu verwerfen, ihre Wissenschaft nicht zu tadeln. Nur unsinnige Menschen verdammen dreist, was sie nicht verstehen. Die Erforschung der Gestirnwelt ist nicht nur eine Freude, sondern hat auch einen großen Wert. Gottes wunderbare Weisheit wird ja durch diese Wissenschaft uns klar. Die kühnen Forscher verdienen hohes Lob, und wer die Muße und Fähigkeit dazu besitzt, mag sich auf diesem Gebiet betätigen. Mose will uns gewiß nicht davon abhalten, wenn er von dem eigentlichen Gebiet der Wissenschaft sich fernhält. Er will auch dem ungelehrten, gemeinen Mann verständlich sein. … Mag immerhin in Wahrheit der Saturn größer sein als der Mond, dem Auge erscheint es anders. Das ist für die Betrachtungsweise des Mose maßgebend. Ihm geht es darum, was die Dinge für uns bedeuten. Und da gilt: Uns nützen vornehmlich Sonne und Mond mit ihrem Licht. Durch sie neigt sich gleichsam Gottes Hand spürbar zu uns hernieder. Das heischt Dankbarkeit« (Calvin, 1956: 18).

Calvin bejaht aus geistlicher und theologischer Sicht die Wissenschaften. Die von ihnen erzeugten Erkenntnisse vertiefen zugleich auch die Einsicht in die wunderbare Weisheit Gottes. Calvin gibt damit eine Einstellung zu den Naturwissenschaften vor, die sich in Teilen der nach-reformatorischen Theologie fortsetzt, insbesondere in der Theologie der Aufklärungszeit.

1.4 Die Großartigkeit und Vollkommenheit der Schöpfung: Theologie der Aufklärung

In der Epoche der Aufklärung (ca. vom Anfang des 17. Jahrhunderts bis zum Ende des 18. Jahrhunderts) entwickelte die evangelische Theologie eine harmonische Sicht auf die Naturwissenschaften. Die von den Naturwissenschaften hervorgebrachten Erkenntnisse, z. B. über die Details der Lebewesen oder die physikalischen Kräfte und Gesetze, werden theologisch als Lobpreis Gottes, des Schöpfers und Erhalters des Lebens und der Welt interpretiert. Vorausgesetzt ist hier die Auffassung, dass alles, was Gott geschaffen hat, *vollkommen* ist. Die Einsicht in diese Vollkommenheit der Welt und der damit einhergehende Lebensoptimismus werden gerade durch die natur-

> »Die von den Naturwissenschaften hervorgebrachten Erkenntnisse, z. B. über die Details der Lebewesen oder die physikalischen Kräfte und Gesetze, werden theologisch als Lobpreis Gottes, des Schöpfers und Erhalters des Lebens und der Welt interpretiert.«

wissenschaftliche Forschung vertieft. Der Glaube an die gute Schöpfung Gottes erfährt eine Bestätigung durch die naturwissenschaftlichen Erkenntnisse.

»Der Glaube an die gute Schöpfung Gottes erfährt eine Bestätigung durch die naturwissenschaftlichen Erkenntnisse.«

Natürlich folgt die Erkenntnis Gottes als des Schöpfers und auch seiner Schöpfungswerke zuerst einmal aus den biblischen Schöpfungstexten, die die Welt als Schöpfung zu erkennen geben. Zugleich verweisen jedoch bereits alttestamentliche und neutestamentliche Texte zurück auf die Kreaturen als Quelle von Glaubenseinsichten: auf die von Gott geschaffene Welt als einen großen Schöpfungstext. Schon früh wurde in dieser großen Tradition die Welt als ein mit dem Finger Gottes geschriebener Text, als *liber scriptus digito dei* – so Hugo von St. Victor (1096–1141) – bezeichnet. Die Welt wird in der Heiligen Schrift selbst als ein Buch betrachtet, in dem etwas über Gott zu lesen und zu erkennen ist. Es war lange Zeit in der Kirchen- und Theologiegeschichte unbestritten, dass das oft unleserliche und aus sich unverständliche Buch der Natur der Unterstützung durch das Buch der Heiligen Schrift bedarf, um überhaupt eine Erkenntnis Gottes und des Menschen von sich selbst zu erzeugen. Und im Konfliktfall, in dem ein Widerspruch entsteht zwischen dem, was im Buch der Heiligen Schriften und im Buch der Natur zu lesen ist, hatte dann auch das Buch der Heiligen Schriften das letzte Wort. In der Epoche der Aufklärung wurde das Buch der Natur zum Haupttext, nach

»Die Welt wird in der Heiligen Schrift selbst als ein Buch betrachtet, in dem etwas über Gott zu lesen und zu erkennen ist.«

dessen Gesetzen und Regeln auch das Buch der Heiligen Schrift auszulegen war. Nun wurde das Buch der Natur zum maßgeblichen Schöpfungstext und Lobpreis des göttlichen Schöpfers. Das bekannteste Beispiel dafür ist aus dem 17. Jahrhundert das Lied von Paul Gerhard (1607–1676) »Geh aus, mein Herz, und suche Freud«. Die ganze Natur ist herrlich eingerichtet und preist mit ihrem bloßen Dasein Gott, den Schöpfer. Auch der Mensch als Einheit von Leib und Seele ist Teil dieses Naturzusammenhangs und soll und will sich deshalb einfügen in das harmonische Zusammenspiel der gesamten Schöpfung. Philosophen, wie z. B. Gottfried Wilhelm Leibniz (1646–1716), haben auf ihre Weise diese Einsicht in die universale Harmonie der gesamten Schöpfung zum Ausdruck gebracht. Und in der Theologie werden die naturwissenschaftlichen Erkenntnisse der Epoche fleißig rezipiert. Es werden naturkundliche Theologien geschrieben, z. B. eine Theologie der Bienen, mit einer detaillierten Beschreibung des komplexen Bienenorganismus, der gerade durch seine Komplexität ein Zeugnis von dem kreativen göttlichen Geist ablegt. Es

> »In der Epoche der Aufklärung wurde das Buch der Natur zum Haupttext, nach dessen Gesetzen und Regeln auch das Buch der Heiligen Schrift auszulegen war.«

> »Die ganze Natur ist herrlich eingerichtet und preist mit ihrem bloßen Dasein Gott, den Schöpfer.«

> »Es werden naturkundliche Theologien geschrieben, z. B. eine Theologie der Bienen, mit einer detaillierten Beschreibung des komplexen Bienenorganismus, der gerade durch seine Komplexität ein Zeugnis von dem kreativen göttlichen Geist ablegt.«

entstehen Bücher mit Titeln wie demjenigen des 1738 erschienenen Buches des lutherischen Pastors Friedrich Christian Lesser (1692–1754) »*Insecto-Theologia* oder: Vernunfft- und schrifftmäßiger Versuch wie ein Mensch durch aufmercksame Betrachtungen derer sonst wenig geachteten *Insecten* zu lebendiger Erkänntnis und Bewunderung der Allmacht, Weißheit, der Güte und Gerechtigkeit des großen Gottes gelangen könne«. Lesser hat auch eine *Testaceo-Theologia*, eine Theologie der Schnecken und Muscheln, verfasst. In beiden Büchern werden detailliert die Ergebnisse naturkundlicher Forschung präsentiert, die zu ihrer Zeit sicherlich auf der Höhe der fachwissenschaftlichen Forschung waren. Die beiden Bücher von Lesser sind Beispiele für eine ganze Reihe von Untersuchungen aus dem 17. und 18. Jahrhundert, in denen Glaube und Naturwissenschaft in ein harmonisches und sich gegenseitig anregendes Verhältnis gesetzt wurden. Im 18. Jahrhundert etabliert sich dann der Ausdruck »Physiko-Theologie« für all die Versuche, Glaube bzw. Theologie und Naturwissenschaft in ein produktives und harmonisches Verhältnis zueinander zu setzen. Gegen den in der Epoche der Aufklärung parallel aufkommenden

»Gegen den in der Epoche der Aufklärung parallel aufkommenden Atheismus wird die Einsicht in die Vollkommenheit der Schöpfung auch als Gottesbeweis verwendet.«

Atheismus wird die Einsicht in die Vollkommenheit der Schöpfung auch als Gottesbeweis verwendet. Immanuel Kant (1724–1804), durch den vor allem der Ausdruck »Physiko-Theologie« im deutschen Sprachraum bekannt wurde, hat diesen physikotheologischen Gottesbeweis als den einzigen bezeichnet, von dem er beeindruckt war.

»Dieser Beweis verdient jederzeit mit Achtung genannt zu werden. Er ist der älteste, kläreste und der gemeinen Menschenvernunft am meisten angemessene. Er belebt das Studium der Natur, so wie er selbst von diesem sein Dasein hat und dadurch immer neue Kraft bekommt. Er bringt Zwecke und Absichten dahin, wo sie unsere Beobachtung nicht von selbst entdeckt hätte, und erweitert unsere Naturkenntnisse durch den Leitfaden einer besonderen Einsicht, deren Prinzip außer der Natur ist« (Kritik der reinen Vernunft: B 651).

Die Wahrnehmung des gesamten Kosmos von dem jeweils eigenen Ort aus bis hin zu den fernsten Sternen erregt nach Kants Auffassung ebenso Bewunderung und Ehrfurcht in einem Menschen wie der Blick in das eigene Selbst:

»Die Wahrnehmung des gesamten Kosmos von dem jeweils eigenen Ort aus bis hin zu den fernsten Sternen erregt ebenso Bewunderung und Ehrfurcht in einem Menschen wie der Blick in das eigene Selbst.«

»Zwei Dinge erfüllen das Gemüt mit immer neuer und zunehmender Bewunderung und Ehrfurcht, je öfter und anhaltender sich das Nachdenken damit beschäftigt: *Der bestirnte Himmel über mir, und das moralische Gesetz in mir*« (Kritik der praktischen Vernunft: B 300).

Von dieser Bewunderung und Ehrfurcht her ist der physikotheologische Gottesbeweis motiviert. Von der guten und weisen Ordnung in der Welt, die durch die naturwissenschaftliche Forschung im Großen wie im Kleinen bestätigt wird, wird auf eine erhabene und weise Ursache von allem, was ist, geschlossen. Denn zugleich wird durch die Wissenschaft festgestellt, dass den einzelnen Dingen in der Welt –

für sich betrachtet – keinerlei Moment innewohnt, das eine solche weise Ordnung der Welt im Großen wie im Kleinen begründen könnte. In seinen 1779 posthum erstmals erschienenen *Dialogen über natürliche Religion* präsentierte David Hume (1711–1776), der den Gottesbeweisen kritisch gegenüber stand, wunderbar klar und kurz diesen physikotheologischen Gottesbeweis im Geist seiner Zeit.

> »Seht Euch um in der Welt; betrachtet das Ganze und jeden Teil; Ihr habt darin nichts als eine einzige große Maschine, die in eine unendliche Anzahl kleiner Maschinen geteilt ist, deren jede wieder bis zu einem Grade Unterteilungen gestattet, die menschliche Sinne und Fähigkeiten nicht mehr zu verfolgen und zu erklären vermögen. Alle diese verschiedenen Maschinen und selbst ihre kleinsten Teile sind einander mit einer Genauigkeit angepaßt, die jedermann, der sie jemals betrachtet hat, in staunende Bewunderung versetzt. Die wunderbare Angemessenheit von Mitteln und Zwecken in der ganzen Natur gleicht genau, wenn sie auch weit darüber hinaus geht, den Hervorbringungen menschlicher Kunst, menschlicher Absicht, Weisheit und Einsicht. Da also die Wirkungen einander gleichen, werden wir nach allen Regeln der Analogie zu dem Schluß geführt, daß auch die Ursachen einander gleichen und daß der Urheber der Natur dem Geist des Menschen einigermaßen ähnlich ist, freilich im Besitz viel größerer Fähigkeiten, entsprechend der Größe des Werkes, das er hervorgebracht hat« (Hume, [5]1980: 19f.).

Es handelt sich um eine analogische Schlussfolgerung aus den Einsichten in die Komplexität und zugleich Vollkommenheit der Natur auf die Existenz eines Gottes, der freilich – wie Kant bemängelt – eher einem »Weltbaumeister« als einem »Weltschöpfer« gleicht (Kritik der reinen Vernunft:

B 655). Die physikotheologische Schlussfolgerung von den naturwissenschaftlich gewonnenen Einsichten auf die Existenz Gottes bedient sich dabei des Vergleichs mit den Maschinen, also mit der von Menschen hervorgebrachten Technik. Aufgrund der Erfahrung menschlicher Kreativität in den verschiedenen Bereichen der Technik wird eine Ähnlichkeit von menschlichem Geist und göttlichem Geist angenommen. Es bildet sich die Einsicht heraus, dass Menschen mit derselben Kunst, mit der Gott eine ganze Welt geschaffen hat, viele kleine und große Dinge erfinden und erschaffen können, die dem Leben zugutekommen können. Ein beliebtes Beispiel ist in dieser Zeit der Uhrmacher, der verschiedene Metallteile, die aus sich heraus überhaupt keine Ordnung bilden würden, zu einem funktionierenden Uhrwerk zusammenfügt. Diese geistige Kreativität des Uhrmachers wird bewundernd in Parallele zu dem Geist Gottes gesetzt, der nicht nur eine Uhr, sondern einen funktionierenden ganzen Kosmos in allen Details geschaffen hat.

> **»Aufgrund der Erfahrung menschlicher Kreativität in den verschiedenen Bereichen der Technik wird eine Ähnlichkeit von menschlichem Geist und göttlichem Geist angenommen.«**

Einer der bekanntesten Vertreter einer Physiko-Theologie war der englische Theologe und anglikanische Geistliche William Derham (1657–1735). Derham hat 1713 ein Buch mit dem expliziten Titel »Physico-Theology: or, A Demonstration of the Being and Attributes of God, from His Works of Creation« publiziert. Ein Jahr später, 1714, veröffentlichte er ein Buch mit dem Titel »Astro-Theology«, in dem es ebenfalls um teleologische Schlussfolgerungen auf das Sein und die Attribute Gottes ging. Beide Bücher zeichnen sich dadurch aus, dass sie eine ganze Reihe neuer wissenschaftlicher Erkenntnisse des Autors enthalten. In der »Physiko-Theologie« verarbeitet Derham z. B. seine Erkenntnis einer natürlichen Variation innerhalb der Arten (mit originellen biologischen Beispielen). Derhams »Astro-Theologie« enthält beispielsweise die Erkenntnis einiger neu entdeckter Sternennebel bzw. Sternhaufen oder Sterncluster, die er mit seinem eigenen Teleskop auf dem Kirchturm seiner Kirche in Upminster in Essex gemacht hatte. Derhams »Physiko-Theologie« behandelt im Grunde das gesamte aktuelle naturwissenschaftliche Wissen seiner Zeit. Er beginnt mit den äußeren Bedingungen der Erdkugel (Atmosphäre, Licht und Schwerkraft), behandelt dann die Erdkugel im Allgemeinen (ihre Gestalt, ihre Bewegungen, ihren Platz inmitten der Himmelskörper, die Verteilung von Land und Wasser, die Vielfalt und Menge von allem), dann geologisch und geographisch die Erde im Besonderen. Danach wendet er sich den Lebewesen zu: zuerst allgemein (über die fünf Sinne, die Bewegungen, die Fortpflanzung, die Ernährung, die Selbsterhaltung, die Proportionalität der Lebewesen) und dann den verschiedenen Arten. Hier behandelt er zuerst den Menschen, dann die Vierfüßler, dann die Vögel, dann Insekten und Reptilien, dann Wassertiere und schließlich Pflanzen. Zum Abschluss seines Werkes zieht Derham einige theologische Schlussfolgerungen aus seinem naturwissenschaftlichen Überblick:

Gottes Werke sind exzellent und großartig; sie verdienen es, erforscht zu werden, ja, solche Forschung ist sehr empfehlenswert; Gottes Werke sollen in uns Furcht und

Gehorsam, aber genauso Dankbarkeit gegenüber Gott hervorrufen, die wir insbesondere in den sonntäglichen Gottesdiensten dann auch artikulieren sollen.

Das harmonische Zusammenspiel zwischen Naturwissenschaft und Theologie bzw. Glaube in der Epoche der Aufklärung ist spätestens im Laufe des 19. Jahrhunderts beendet worden. Zum einen hat sich die Theologie aus dem Zusammenhang der Natur-Erforschung zurückgezogen; zum andern haben sich Teile der Naturwissenschaft bewusst von der Theologie und ihrer Schöpfungslehre emanzipiert.

Immanuel Kant hatte bei aller Bewunderung dennoch den physikotheologischen Gottesbeweis für nicht tauglich gehalten. Zugleich geht in der Theologie das Interesse an den konkreten Resultaten der naturwissenschaftlichen Forschung verloren. Zurück bleiben in ihr ein allgemeines Bewusstsein vom Naturzusammenhang, in dem sich der Mensch befindet, und eine allgemeine Besinnung auf die Natur und die Werke der Schöpfung. Die biblischen Hinweise, dass der Schöpfer sich selbst auch am Geschaffenen bekanntmacht und die Werke der Schöpfung Gott als ihren Schöpfer bezeugen (z.B. Röm 1,19ff.; Psalm 19,2–5; Hiob 12,7ff.; aber auch in den ambivalenten Erfahrungen des Lebens, so z.B. Jes 40,12–15 oder Hiob 12,14f.) regen die Theologie nun nicht mehr dazu an, sich in die Details der Natur zu vertiefen und die Ergebnisse der Naturwissenschaften zu rezipieren. Beispielhaft lässt sich diese Veränderung in der Einstellung der Theologie und des evangelischen Christentums zu den Naturwissenschaften bei Friedrich Schleiermacher (1768–1834) beobachten.

1.5 Friedliches Nebeneinander von Glaube und Naturwissenschaft: Friedrich Schleiermacher

In seinem 1821 erstmals und 1830 überarbeitet erschienenen dogmatischen Hauptwerk »Der christliche Glaube nach den Grundsätzen der evangelischen Kirche im Zusammenhang dargestellt« stellt Friedrich Schleiermacher in der Schöpfungslehre zwar fest, dass zum evangelischen Glauben immer auch ein Bewusstsein gehöre, dass »wir in einen allgemeinen Naturzusammenhang gestellt« und »Theil der Welt« sind (Schleiermacher: § 34 Leitsatz, 212). Doch dieses geistliche und theologische Bewusstsein entwickelt nach Schleiermacher kein Interesse an den Details des Naturzusammenhangs. Der evangelische Glaube und mit ihm die Theologie beziehen sich nur auf das Naturgefühl im Allgemeinen: »Nichts anderes … als dieses fromme Naturgefühl im allgemeinen haben wir … nach bestem Vermögen zu beschreiben« (Schleiermacher: § 34.3, 215).

> »Der evangelische Glaube glaubt zwar, dass Gott alles, was ist, geschaffen hat und erhält, gleichwohl hat er nun kein weiteres Interesse mehr, sich in die naturwissenschaftlichen Details zu vertiefen, die zur Erhaltung des Lebens auf Erden beitragen.«

Der evangelische Glaube glaubt zwar nach Schleiermachers Auffassung, dass Gott alles, was ist, geschaffen hat und erhält, gleichwohl hat er nun kein weiteres Interesse mehr, sich in die naturwissenschaftlichen Details zu vertiefen, die zur Erhaltung des Lebens auf Erden beitragen. Im Abschnitt über die Erhaltung der Schöpfung gibt Schleiermacher nur die allgemeine Auskunft, dass »dieses alles durch den Naturzusammenhang bedingt und bestimmt ist« (Schleiermacher: § 46 Leitsatz, 264). In Abwehr jeglicher Form eines Supranaturalismus – eines übernatürlichen Einwirkens auf die Natur – will Schleiermacher damit vor allem betonen, dass die Erhaltung der Welt und des Lebens in ihr nicht durch besondere Aktivitäten Gottes außerhalb der vorhandenen Natur geschieht. Wie die Erhaltung der Welt und des Lebens in ihr im Naturzusammenhang dann jedoch erfolgt, wird von Schleiermacher nicht im Einzelnen ausgeführt. Er begnügt sich vielmehr mit einigen allgemeinen Einsichten, die darauf hinauslaufen, dass der Glaube an die Erhaltung der Welt nicht in Konkurrenz zu dem Bewusstsein tritt, dass die Natur und die Welt im Gesamten sich selbst erhalten und weiter entwickeln. So ist der fromme evangelische Christ nach Schleiermacher durchaus der Auffassung, dass der Naturzusammenhang, in dem er sich befindet, von Gott geordnet und die Welt – wie auch der Mensch – ursprünglich vollkommen ist, doch folgt daraus kein besonderes naturwissenschaftliches Interesse des Glaubens und der Theologie.

An Schleiermacher kann man beobachten, wie der Glaube und die Theologie sich von den Naturwissenschaften zurückziehen und diese zugleich sich vom Glauben emanzipieren. Naturwissenschaft und Glaube können in diesem Modell nicht miteinander in Konflikt treten, weil in beiden Bereichen keine Erkenntnisse formuliert werden, die Erkenntnissen des anderen Gebietes widersprechen könnten. Glaube und Theologie bleiben im Blick auf den Schöpfungs- und Erhaltungsglauben so allgemein, dass keine Berührungen mit konkreten naturwissenschaftlichen Erkenntnissen entstehen und zugleich die Naturwissenschaften generell bejaht werden können. An diesem Modell lässt sich die Ausdifferenzierung der Wissenschaften beobachten, deren Pointe die Selbständigkeit der jeweiligen Wissenschaften ist, freilich mit der Konsequenz, dass sich kaum mehr interdisziplinäre Kooperationen ergeben, weil sich ihre Gegenstandsfelder nicht mehr überschneiden.

Literatur

von Aquin, Thomas: Summa Theologica I, Die deutsche Thomas-Ausgabe, 1. Bd., Graz/Wien/Köln 1982.

Calvin, Johannes: Auslegung der Genesis, übersetzt und bearbeitet von D. W. Goeters und D. M. Simon, neue, durchgearbeitete Ausgabe, Neukirchen 1956.

Hume, David: Dialoge über natürliche Religion, neu bearbeitet und hrsg. von G. Gawlick, Hamburg [5]1980.

Kant, Immanuel: Kritik der reinen Vernunft.

Luther, Martin: Über den Menschen. 1536, in: Martin Luther. Lateinisch-Deutsche Studienausgabe, Bd. 1: Der Mensch vor Gott, hrsg. von W. Härle, Leipzig 2006.

Magnus, Albertus: Ausgewählte Texte. Lateinisch – Deutsch, hrsg. und übersetzt von A. Fries, Darmstadt [3]1994.

Schleiermacher, Friedrich: Der christliche Glaube nach den Grundsätzen der evangelischen Kirche im Zusammenhange dargestellt, hrsg. von R. Schäfer, Berlin 2008.

2 Der Glaube und ein neues wissenschaftliches Weltbild: der Fall Galilei. Zur theologischen Relevanz von Paradigmenwechseln

Für das Verhältnis zwischen der Theologie und den anderen Wissenschaften kann man, wie für jede Beziehung, drei grundlegende Modi unterscheiden. Die erste Möglichkeit besteht darin, davon auszugehen, dass die beiden Wissenschaften prinzipiell auf methodisch unterschiedliche Weise verschiedene Aspekte der Wirklichkeit untersuchen und folglich zu Resultaten und Theorien gelangen, die in keiner direkten Beziehung zueinander stehen, sondern sich allenfalls als unterschiedliche Perspektiven ergänzen können. Ein Dialog zwischen Theologie und Physik, Theologie und Soziologie usw. kann unter der Voraussetzung der Unabhängigkeit der beiden Disziplinen dann sinnvoll sein, wenn es gerade um diese sich ergänzende Verschiedenheit der Blickwinkel geht. Paradigmenwechsel anderer Wissenschaften, d. h. grundlegende Änderungen in deren Methodik und den Modellen, mit denen sie ihren Gegenstand beschreiben, können aber nach dieser Auffassung niemals Auswirkungen auf die Theologie haben, da deren Besonderheiten keine methodischen und inhaltlichen

> »Ein Dialog zwischen Theologie und Physik, Theologie und Soziologie usw. kann unter der Voraussetzung der Unabhängigkeit der beiden Disziplinen dann sinnvoll sein, wenn es gerade um diese sich ergänzende Verschiedenheit der Blickwinkel geht.«

Schnittmengen mit ihr aufweisen. Die zweite und dritte Art der Verhältnisbestimmung gehen dagegen davon aus, dass solche Schnittmengen zwischen den betrachteten Disziplinen existieren. Zum einen gibt es immer wieder Versuche, die Theologie und andere Wissenschaftszweige in einer grundlegenden, beide Zugänge zur Welt umfassenden Theorie zu integrieren.

»Es gibt immer wieder Versuche, die Theologie und andere Wissenschaftszweige in einer grundlegenden, beide Zugänge zur Welt umfassenden Theorie zu integrieren.«

Beispiele dafür sind die Physikotheologie der Aufklärung (vgl. Kap. 1.4), die Erkenntnistheorie und Religionsphilosophie Immanuel Kants oder die sogenannte Prozesstheologie (vgl. Kap. 4.2). Die dritte mögliche Verhältnisbestimmung zwischen der Theologie und anderen Wissenschaften besteht in der vollständigen oder partiellen Ablehnung der Methodik oder des Gegenstandes der einen Wissenschaft aus Sicht der anderen bis hin zur Bestreitung ihrer Wissenschaftlichkeit. Exemplarisch wurde der Modus des Konflikts am Fall des Physikers und Astronomen Galileo Galilei (1564–1642), in dem das Verhältnis physikalischer

»Exemplarisch wurde der Modus des Konflikts am Fall des Physikers und Astronomen Galileo Galilei (1564–1642), in dem das Verhältnis physikalischer Welterkenntnis zu einer von der Theologie als maßgeblich angesehenen Kosmologie (Lehre vom Ursprung und der Beschaffenheit des ganzen Universums) zur Diskussion stand.«

Welterkenntnis zu einer von der Theologie als maßgeblich angesehenen Kosmologie (Lehre vom Ursprung und der Beschaffenheit des ganzen Universums) zur Diskussion stand.

Aus der Sicht der Physik ging es dabei um die Ablösung eines alten, als zu kompliziert angesehenen Paradigmas – der von Ptolemäus im 2. Jahrhundert auf ihre klassische Formel gebrachten geozentrischen Kosmologie, die die Erde als Mittelpunkt des Universums ansah – durch ein neues Paradigma: das von Nikolaus Kopernikus (1473–1543) begründete heliozentrische Modell der Welt. 1543 hatte Kopernikus (1473–1543) in *Über die Bahnen der himmlischen Kreisläufe (De revolutionibus orbium coelestium)* diese Theorie vorgeschlagen, bei der die Erde nicht mehr im Zentrum des Kosmos stand, sondern sich zusammen mit den anderen Planeten in Kreisbahnen um das Zentralgestirn, die Sonne, bewegte. Mit diesem Modell ließen sich viele astronomische Beobachtungen bedeutend einfacher als mit der geozentrischen Theorie erklären. Im Jahre 1609 verbesserte Galileo Galilei in Padua das kurz zuvor erfundene Teleskop und nutzte es für astronomische Beobachtungen. In seinem Buch *Der Sternenbote (Sidereus nuncius)* (1610) veröffentlichte er einige seiner Resultate, darunter die, dass es sich bei der Milchstraße nicht um einen »Nebel«, sondern um eine Ansammlung vieler einzelner Sterne handelt, dass der Mond Berge hat und der Jupiter vier Monde aufweist, die sich um ihn herum bewegen. Die letzte Beobachtung stützte die kopernikanische Theorie, denn sie bot eine Analogie zur von Kopernikus behaupteten Bewegung der Planeten um die Sonne. Galilei beschrieb auch die Venusphasen und zog die Schlussfolgerung, dass die Venus aus Sicht der Erde manchmal von der Sonne verdeckt wird, die Sonne also in diesen Fällen zwischen Erde und Venus stehen muss, was dem ptolemäischen System widerspricht, mit dem kopernikanischen hingegen vereinbar ist. Es waren, auch wenn es aus heutiger

Perspektive absurd erscheint, diese physikalischen Erkenntnisse Galileis, die ihn in Konflikt mit der Theologie seiner Zeit brachten. Die Synthese aus biblischer und aristotelischer Weltauffassung, die die mittelalterliche Theologie geschaffen hatte, behauptete die zentrale Stellung des Menschen und damit der Erde im Kosmos. Im Rahmen der biblischen Kosmologien (vgl. Kap. 3.2.1) sind es aber stets die Gestirne, die sich um die Erde bewegen (vgl. z. B. Jos 10,12–13), und das Argument mit dem biblischen Wortlaut wurde zu Galileis Zeiten von nicht wenigen – allerdings keineswegs von allen – Theologen vertreten, und zwar nicht nur von katholischen, sondern auch von solchen aus lutherischer bzw. calvinistischer Tradition.

> »Die Synthese aus biblischer und aristotelischer Weltauffassung, die die mittelalterliche Theologie geschaffen hatte, behauptete die zentrale Stellung des Menschen und damit der Erde im Kosmos.«

Galilei beschreibt sein Verhältnis zur biblischen Überlieferung in einem Brief an den Benediktiner Benedetto Castelli aus dem Jahre 1612:

> »Die Schrift ist daher an vielen Stellen nicht nur zugänglich für Auslegungen, sondern erfordert notwendigerweise solche, die sich von der oberflächlichen Bedeutung der Worte unterscheiden, und daher scheint mir, daß ihr in physikalischen Disputen der letzte Platz zugewiesen werden sollte, da die Heilige Schrift und die Natur gleichermaßen dem göttlichen Wort entspringen« (Fölsing, 1983: 285).

In genuin theologischen Fragen anerkannte Galilei dagegen die maßgebliche Autorität der Bibel:

»Ich möchte annehmen, daß die Autorität der Heiligen Schrift einzig das Ziel hat, die Menschen von denjenigen Artikeln und Aussagen zu überzeugen, die, notwendig für das Seelenheil und alle Vernunft übersteigend, durch keine andere Wissenschaft einsichtig gemacht werden könnten« (Fölsing, 1983: 287 f.).

Galilei wies also der Theologie ein anderes inhaltliches Feld zu als der Physik, deren primäre Aufgabe es ist, sorgfältig im »Buch der Natur« zu lesen.

Nun war das kopernikanische Modell zu Beginn des 17. Jahrhunderts auch unter Astronomen noch heftig umstritten, und Galilei, der die neue Theorie propagierte, tendierte dazu, die Beweiskraft seiner eigenen Beobachtungen zu überschätzen. 1615 wurde der Kardinal Bellarmino (1541–1621) vom Papst mit der Untersuchung eines parallelen Falls, in dem ein Karmeliter das kopernikanische System verteidigt hatte, beauftragt. Bellarmino schlug Galilei vor, die kopernikanische Theorie als eine nützliche Hypothese, ein mathematisches Instrument anzusehen, mit dem man astronomische Beobachtungen erklären und Voraussagen machen konnte, ohne es jedoch als Abbild der physikalischen Wirklichkeit darzustellen. Galilei ging zunächst auf den Kompromiss ein, der auch die Zustimmung des Papstes gefunden hatte. 1632 veröffentlichte Galilei aber in italienischer Sprache den *Dialog über die beiden hauptsächlichen Weltsysteme*, in welchem er den Vertreter des geozentrischen Weltbilds, genannt Simplicio (it.: Naivling, Dummkopf), gegen seinen kopernikanischen Kontrahenten argumentativ sehr alt aussehen ließ.

> **»Galilei wies also der Theologie ein anderes inhaltliches Feld zu als der Physik, deren primäre Aufgabe es ist, sorgfältig im »Buch der Natur« zu lesen.«**

Daraufhin leitete die Inquisition den Prozess gegen ihn ein, an dessen Ende er mit sieben gegen drei Stimmen verurteilt wurde, gegen die Auflage, das kopernikanische Weltsystem nicht zu verbreiten, verstoßen zu haben. Galilei widerrief seine »Irrtümer und Ketzereien«, wurde mit Publikationsverbot belegt und verbrachte den Rest seines Lebens unter Hausarrest (ein im Vergleich zu anderen Ketzerprozessen eher mildes Urteil). Bis 1822 stand der *Dialog* auf dem päpstlichen Index; erst 1992 rehabilitierte Papst Johannes Paul II. Galilei unter Verweis auf »unterschiedliche Methoden« der »zwei Wissenschaftszweige« und ließ das Urteil des Inquisitionsprozesses revidieren.

Der Konflikt entfaltete unter anderem deshalb eine starke Wirkung, weil Galilei als einer der Begründer der naturwissenschaftlichen Methodik gelten kann. Galilei hatte es verstanden, durch möglichst einfache Experimente unter Vernachlässigung zweitrangiger Faktoren aussagekräftige Daten zu sammeln und diese experimentellen Daten durch mathematische Modelle zu beschreiben. Dieses Verfahren war und ist bis heute richtungsweisend für die Naturwissenschaften, und so verwundert es nicht, wenn der Prozess gegen Galilei zum Gegenstand von Diskussionen und Auseinandersetzungen wurde. Für die einen wurde Galilei zum tragischen Helden der aufblühenden Naturwissenschaften, der den Kampf gegen die Rückständigkeit angemaßter Autoritäten aufgenommen habe. Andere verwiesen auf die unvollständigen oder fehlerhaften Argumente Galileis, der die Erkenntnisse von Kontrahenten (z. B. Johannes Keplers *Neuer Astronomie [Astronomia nova]* von 1609) totgeschwiegen habe und in seiner Eitelkeit gegenüber dem zunächst entgegenkommenden katholischen Klerus zu weit gegangen sei. Wahr ist, dass persönliche Animositäten auf beiden Seiten und politische Auseinandersetzungen innerhalb des Klerus beim Verlauf des Falls Galilei eine gravierende Rolle spielten. Wissenschaftlich wurden Kopernikus und Galilei bekanntermaßen spätestens durch Isaak Newton gerechtfertigt (in dessen Konzeption sich allerdings Sonne und Planeten um den gemeinsamen Massenschwerpunkt bewegen), und die wörtliche Geltung biblischer Aussagen über physikalische Sachverhalte wurde schon bald nur noch von wenigen Theologen vertreten.

> **»Wahr ist, dass persönliche Animositäten auf beiden Seiten und politische Auseinandersetzungen innerhalb des Klerus beim Verlauf des Falls Galilei eine gravierende Rolle spielten.«**

Beispielhaft für das Verhältnis anderer Wissenschaften zur Theologie ist der Konflikt um die kopernikanische Lehre insofern, als die Theologie im Fall Galilei den Bereich verlassen hatte, in dem sie mittels der eigenen Methodik theologisch relevante Gegenstände untersuchen kann. Bis heute gibt es immer wieder Konflikte zwischen der Theologie und anderen Wissenschaften, wenn solche Grenzüberschreitungen von der einen oder anderen Seite vorliegen. Im Fall der Naturwissenschaften z. B. sind es nie die physikalischen oder biologischen Erkenntnisse selbst, die mit theologischen Deutungen der Welt konkurrieren, sondern deren metaphysische, also auf die Voraussetzungen und Grundlagen der Wirklichkeit abzielenden Interpretationen. Eine wichtige Aufgabe des Dialogs zwischen der Theologie und den anderen Wissenschaften ist es daher, wissenschaftliche Theorien – soweit es geht – von ihrer philosophischen oder theologischen Interpretation zu trennen.

Literatur

Brandmüller, Walter / Langner, Ingo: Der Fall Galilei und andere Irrtümer: Macht, Glaube und Wissenschaft, Augsburg 2006.

Fölsing, Albrecht: Galileo Galilei – Prozeß ohne Ende. Eine Biographie, München/Zürich 1996.

Hemleben, Johannes: Galileo Galilei, Reinbek 1969.

Johannes Paul II., Ansprache an die Päpstliche Akademie der Wissenschaften am 31. 10. 1992, online unter: http://www.vatican.va/holy_father/john_paul_ii/speeches/1992/october/documents/hf_jp-ii_spe_19921031_accademia-scienze_ge.html

de Padova, Thomas: Das Weltgeheimnis. Kepler, Galilei und die Vermessung des Himmels, Zürich/München 2010.

3 Kontakt- und Konfliktfelder zwischen Glaube und Wissenschaft

3.1 Die Biologie und die Evolutionstheorie

3.1.1 Darwin und der Streit um die Evolutionstheorie im 19. Jahrhundert

Die Biologie erlebte im 19. Jahrhundert mit der Formulierung der Evolutionstheorie durch Charles Darwin (1809–1882) und andere Wissenschaftler die größte paradigmatische (Methodik und Weltauffassung betreffende) Umwälzung ihrer Geschichte. In ihrer Bedeutung für die Biologie ist damit höchstens die neuere Entwicklung der Molekularbiologie vergleichbar, die durch die Strukturaufklärung der DNA 1953 eingeleitet wurde. Diesem Wandel des biologischen Weltbildes korrespondierte eine tiefgreifende Auseinandersetzung mit der Theologie ihrer Zeit.

Bis hinein ins 19. Jahrhundert behauptete die Biologie die Konstanz der biologischen Arten, deren Eigenschaften Gott bereits bei der Schöpfung ein für alle Mal fixiert habe. Einen letzten Höhepunkt dieser Theorie bildet das Werk Carl von Linnés (1707–1778), des Begründers der biologischen Systematik.

> »Der komplexe Bau vieler Lebewesen wurde in der Aufklärung zum Anlass, die Zweckmäßigkeit ihrer biologischen Strukturen hervorzuheben und von dort weiter auf einen Planer dieser Anlagen zu schließen.«

Der komplexe Bau vieler Lebewesen wurde in der Aufklärung zum Anlass, die Zweckmäßigkeit ihrer biologischen Strukturen hervorzuheben und von dort weiter auf einen Planer dieser Anlagen zu schließen. Diese teleologische (griech. *télos:* Ziel) Perspektive, die schon bei Aristoteles in der Antike begegnet, schlug eine Brücke zur Natürlichen Theologie bzw. Physikotheologie, die es sich zur Aufgabe machte, im »Buch der Natur« zu lesen und von den dort gewonnenen Erkenntnissen auf die ordnende Hand des Schöpfers zu schließen (vgl. Kap. 1.4). Ähnliche Argumente begegnen bis heute in Publikationen von Vertretern des sogenannten Kreationismus (lat. *creatio:* Wahl; Schöpfung) bzw. des »*intelligent design*«.

Diese scheinbar weitreichende Vereinbarkeit zwischen Schöpfungsglaube und biologischer Theorie beendete Darwin, indem er nicht nur das Paradigma der Konstanz der Arten gegen das einer Entwicklung (lat.: *evolutio*) ersetzte, sondern auch zufälligen Variationen einen entscheidenden Anteil an dieser Entwicklung zuschrieb. Bereits vor Darwin hatte Jean Baptiste Lamarck (1744–1829) die These von der Konstanz der Spezies fallen gelassen und sie durch eine Theorie dynamischer Entwicklung ersetzt. Ein oft zitiertes Beispiel für Lamarcks Theorie führt z. B. den langen Hals der Giraffe auf eine allmähliche, letztlich zielgerichtete Anpassung an das Leben in der Savanne

»Demgegenüber erklärte Darwin 1859 in seinem Werk *Über die Entstehung der Arten durch natürliche Zuchtwahl* die Fülle der Beobachtungen zur Entstehung und Veränderung der biologischen Arten unter Nutzung des Zufallsprinzips.«

zurück. Demgegenüber erklärte Darwin 1859 in seinem Werk *Über die Entstehung der Arten durch natürliche*

Zuchtwahl die Fülle der Beobachtungen zur Entstehung und Veränderung der biologischen Arten, die er seit seiner berühmten Reise mit der HMS Beagle 1832 gesammelt und analysiert hatte, unter anderem unter Nutzung des Zufallsprinzips. In groben Zügen besagt Darwins Theorie, dass Populationen, also Gruppen von Individuen einer gleichen Art von Lebewesen, stets zufällige Variationen aufweisen. Da das Nahrungsangebot und weitere biologische Ressourcen limitiert sind, entbrennt um diese Ressourcen ein Kampf ums Dasein (engl. *struggle for life*), in welchem nur die am besten an die jeweiligen Gegebenheiten angepassten Individuen überleben (engl. *survival of the fittest*; der Begriff geht zurück auf Herbert Spencer) und damit in die Lage versetzt werden, sich fortzupflanzen und ihre speziellen Eigenschaften den Nachkommen zu vererben. Von den Ursachen für diese zufälligen Variationen hatte Darwin freilich noch keine rechte Vorstellung; erst die Entwicklung der modernen Genetik, Zellbiologie und Biochemie im 20. Jahrhundert klärte die Frage, wie diese – heute als Mutationen (lat. *mutatio*: Veränderung) bezeichneten – Variationen durch zufällige Umwelteinflüsse auf das Erbmaterial, die DNA, zustande kommen.

Die Rolle des Zufalls und des Einflusses kontingenter, nicht-notwendiger Ereignisse auf die Entwicklung der Arten in Darwins Theorie war eine These, die von Seiten einiger Theologen Widerspruch hervorrief. Die Vorstellung von Gott als dem vernünftigen, fürsorglichen Planer, wie sie in der Aufklärungstheologie propagiert wurde, schien unvereinbar mit einer Weltsicht, die zufällige Ereignisse und einen als grausam empfundenen Daseinskampf als entscheidende Faktoren der Entwicklung des Lebens ansah. Dennoch gab es

> »Die Vorstellung von Gott als dem vernünftigen, fürsorglichen Planer, wie sie in der Aufklärungstheologie propagiert wurde, schien unvereinbar mit einer Weltsicht, die zufällige Ereignisse und einen als grausam empfundenen Daseinskampf als entscheidende Faktoren der Entwicklung des Lebens ansah.«

schon früh auch positive Resonanz auf Darwins Theorie, und zwar sowohl von evangelischen wie von katholischen Theologen. So formulierte z. B. James McCosh (1811–1894) eine Theorie, nach der Gott den Rahmen geschaffen habe, innerhalb dessen sich die Evolution abspiele, und die scheinbar zufälligen Ereignisse, die zu den Variationen der Lebewesen führen, dirigiere (vgl. auch Kap. 4.2).

Die Ablehnung der Evolutionstheorie mit der Begründung, dass diese dem wörtlichen Sinn der Schöpfungsberichte widerspreche, war schon im 19. Jahrhundert eine Minderheitenposition. Der wörtliche Sinn der Schrift, der noch in der Auseinandersetzung um Galilei eine wichtige Rolle gespielt hatte, hatte weithin einer Sicht der biblischen Erzählungen Platz gemacht, die sie als symbolisch zu interpretierende, poetische Glaubenszeugnisse auffasste. Allerdings mangelte es nicht an Versuchen, die Sechs-Tage-Schöpfung aus 1Mose 1,1–2,4a mit den Erdzeitaltern der Evolution zu harmonisieren. Bis heute bestreiten Anhänger des sogenannten Kreationismus mit biblizistischen Argumenten den Einfluss der Mutation auf die Entstehung der Arten.

Der zweite Streitpunkt in der Auseinandersetzung um die Evolutionstheorie betraf die Stellung des Menschen im Reich der Natur. Darwin selbst ging in seiner Publikation *Die Abstammung des Menschen* von 1871 den konsequenten Schritt, auch die menschliche Entwicklung in den Kontext der Evolution der Organismen zu stellen und einen separaten Schöpfungsakt abzulehnen. Aus der Sicht christlicher Theologie wurde hier scheinbar die Gottesebenbildlichkeit des Menschen (vgl. 1Mose 1,27), seine über alle anderen Geschöpfe herausragende Position als vernünftiges Lebewesen (*animal rationale* – Aristoteles), als einziges denkendes Lebewesen, das allein über eine unsterbliche Seele verfügt, infrage gestellt. Um diesen Punkt gab es heftige, teils polemische Auseinandersetzungen; so fragte der anglikanische Bischof Samuel Wilberforce (1805–1873) den Vertreter der Evolutionstheorie Thomas Huxley (1825–1895) bei einer Gelegenheit, ob er seine Abstammung eigentlich auf einen Affen väter- oder mütterlicherseits zurückführe. Dabei gingen die Kontrahenten stets von der Vorstellung aus, dass unsere Abstammung auch restlos unser Wesen determiniere, was diskutabel erscheint. Darwin, der seine neue Theorie etablieren musste, betonte jede Gemeinsamkeit zwischen Menschen und Menschenaffen als Abkömmlingen eines gemeinsamen Vorfahren und vernachlässigte darüber bisweilen die vorhandenen Unterschiede. Andere Pioniere der Evolutionstheorie wie z. B. Alfred R. Wallace (1823–1913) differenzier-

> **»Aus der Sicht christlicher Theologie wurde hier scheinbar die Gottesebenbildlichkeit des Menschen (vgl. 1Mose 1,27), seine über alle anderen Geschöpfe herausragende Position als vernünftiges Lebewesen infrage gestellt.«**

> **»Die Kontrahenten gingen stets von der Vorstellung aus, dass unsere Abstammung auch restlos unser Wesen determiniere.«**

ten stärker. Wallace behauptete sogar, dass die Selektion allein die Entstehung des komplexen Gehirns der Menschen und Menschenaffen nicht zu erklären vermöge.

Noch immer spielen Argumente, die bereits im 19. Jahrhundert verwendet wurden, in der Debatte um die Evolutionstheorie eine Rolle. Vor allem von Seiten eines christlichen, in zunehmendem Maße aber auch jüdischen und islamischen Fundamentalismus wird der Versuch unternommen, eine mehr oder weniger wörtliche Auslegung der Schöpfungserzählungen mit (ausgewählten) biologischen Beobachtungen zu harmonisieren. Diese moderne Version des Kreationismus, oft unter dem Namen »*intelligent design*« firmierend, vertritt zwar eine Mikroevolution, das heißt die Ausdifferenzierung innerhalb einer Art bzw. innerhalb eines biologischen »Grundtyps«, bestreitet aber artüberschreitende Makroevolution. Ein beliebtes Argument dafür lautet, dass die Struktur vieler Organe eine irreduzible (nicht auf einfachere Grundelemente rückführbare) Komplexität aufweise, die nicht durch Mechanismen von Mutation und Selektion erklärt werden könne. Göttliche Intervention zur Informationsübermittlung sei notwendig; ähnlich wie in der Physikotheologie der Aufklärung wird also von den Eigenschaften der Natur direkt auf eine göttliche Urheberschaft der Schöpfung geschlossen.

Abgesehen davon, dass der weit überwiegende Teil der auf diesem Gebiet forschenden Wissenschaftler – und keineswegs nur solche, die gleichzeitig einen aggressiven weltanschaulichen Atheismus propagieren – die Theo-

rien des *intelligent design* aus methodischen und inhaltlichen Gründen ablehnen, besteht ein weiteres Problem
darin, dass eine am Wortlaut der Bibel orientierte Ar-
gumentation die Entwicklung der wissenschaftlichen
Theologie selbst, besonders der sogenannten historisch-
kritischen Methode(n) der Schriftexegese, nicht berück-
sichtigt. Eine Theologie, die aus dem Wortlaut der Bibel
(oder des Korans) eine »Theorie von Allem«, von der
Struktur eines Wasserflohs bis hin zu Details der physikalischen Entwicklung des Kosmos, extrahieren möchte,
verfehlt ihre eigentliche Aufgabe, die wechselseitige Beziehung zwischen Gott und Mensch zu untersuchen.

3.1.2 Die Entstehung des Lebens aus Sicht der modernen Molekularbiologie

Ein spezielles Problem in der Begegnung von Schöpfungs-
glauben und moderner Biologie ist die Frage nach der Entstehung des Lebens auf der Erde. Lebewesen lassen sich
durch eine Reihe von Eigenschaften von der unbelebten Materie abgrenzen, darunter z. B. die Ausbildung eines Stoff-
wechsels, die Fähigkeit zu Wachstum und Entwicklung, die
Reproduktion bzw. Fortpflanzung sowie die letztlich im Begriff des Lebens enthaltene Möglichkeit zu sterben. Weiterhin gilt der Satz, dass Lebewesen aus biologischen Zellen,
also abgegrenzten biochemischen Reaktionsräumen, bestehen und dass Zellen nur aus anderen Zellen hervorgehen.
Die Frage, die sich im 20. Jahrhundert der entwickelten Mo-
lekular- und Zellbiologie stellte, war, wie primitive Zellen

sich aus der unbelebten Materie, also einfachen Molekülen, hatten bilden können.

Der Stoffwechsel von Zellen beruht im Wesentlichen auf zwei Klassen von Makromolekülen, also Molekülen, die lange, modulare Ketten aus einfachen molekularen Baueinheiten bilden. Die Stoffklasse der Proteine (Eiweiße) bildet wichtige Strukturen der Zellen und übernimmt vielfältige Aufgaben im Stoffaufbau und Stoffabbau sowie bei der Informationsübermittlung. Die sogenannten Nukleinsäuren, darunter die DNA (Desoxyribonukleinsäure), speichern die genetische Information zum Aufbau von Proteinen und übermitteln sie an neue Zellen und die nächste Generation. Der erste Schritt der biochemischen Evolution besteht in der Bildung einfacher organischer Moleküle wie z. B. Aminosäuren, die als Bausteine beim Aufbau von Proteinen dienen können, aus anorganischen Molekülen wie z. B. Kohlendioxid, Ammoniak und Wasser. In Experimenten, die die Zusammensetzung der Erdatmosphäre nach dem damaligen Kenntnisstand simulierten, gelang es Stanley Miller und Harold C. Urey 1953, mittels elektrischer Entladungen (die auf der Ur-Erde Blitze geliefert haben könnten) Aminosäuren aus anorganischen Substanzen herzustellen. Nun sind aber Aminosäuren noch keine Proteine. Letztere weisen eine hochkomplexe Struktur auf, die sich vor allem in der Art und Weise äußert, wie die Amino-

»Der erste Schritt der biochemischen Evolution besteht in der Bildung einfacher organischer Moleküle wie z. B. Aminosäuren, die als Bausteine beim Aufbau von Proteinen dienen können, aus anorganischen Molekülen wie z. B. Kohlendioxid, Ammoniak und Wasser.«

säuren in der Kette über größere Distanzen miteinander physikalisch wechselwirken. Eine Mutation, z. B. der Austausch bereits einer Aminosäure durch eine andere, führt in vielen Fällen zu schweren, bisweilen tödlichen Erbkrankheiten. Mutationen sind allerdings auch der »Motor« der Evolution hin zu besserer Anpassung an die natürliche Umgebung. Auch der

> **»Der Zellstoffwechsel, d. h. die Wechselwirkung tausender verschiedener Makromoleküle in der Zelle miteinander, zeigt eine überaus komplexe Organisation.«**

Zellstoffwechsel, d. h. die Wechselwirkung tausender verschiedener Makromoleküle in der Zelle miteinander, zeigt eine überaus komplexe Organisation. Diese beiden Befunde werden mitunter von Kritikern der biochemischen Evolution, auch aus der Richtung des *intelligent design*, ins Feld geführt, zusammen mit dem 2. Hauptsatz der Wärmelehre. Dieser macht eine Aussage über die Richtung von Naturvorgängen in geschlossenen physikalischen Systemen, solchen also, die weder Materie noch Energie mit ihrer Umgebung austauschen. Eine Rolle spielt dabei die Entropie, eine physikalische Eigenschaft, die umso größere Werte annimmt, je mehr Möglichkeiten den Teilchen des Systems für ungeordnete Bewegung zur Verfügung stehen. Spontane Vorgänge in geschlossenen Systemen sind nun immer von einer Zunahme der Entropie begleitet: Wenn man das System sich selbst überlässt, geht es den Weg von geordneten zu ungeordneten Zuständen. Eine (hinkende) Analogie wäre der heimische Schreibtisch, dem eine ähnliche Tendenz zu größerer Unordnung mit fortschreitender Zeit innezuwohnen scheint. Das Argument lautet nun dahingehend, es sei unmöglich, dass aus Zuständen relativer Unordnung (»Ursuppe« aus Aminosäuren) spontan Zustände relativ höherer Ordnung (fertiges, funktionsfähiges Protein) hervorgehen könnten. Zudem sei es undenkbar, dass die Komplexität und Interdependenz der Interaktionen von biologischen Makromolekülen per Zufall entstehen könnten. Oft wird noch die Kombinatorik hinzugezogen, um zu zeigen, wie unwahrscheinlich die spontane Synthese einer ganz bestimmten Aminosäureabfolge sei.

> »Das Argument lautet dahingehend, es sei unmöglich, dass aus Zuständen relativer Unordnung spontan Zustände relativ höherer Ordnung hervorgehen könnten.«

Nun repräsentieren Lebewesen aber *per definitionem* keine geschlossenen, sondern offene thermodynamische Systeme, denn sie tauschen Materie (z. B. Nahrung) und Energie (z. B. Körperwärme) mit ihrer Umgebung aus; lokale Entropieabnahmen, die durch Entropieproduktion an anderen Stellen des Gesamtsystems ausgeglichen werden, sind durchaus möglich

> »Lebewesen repräsentieren aber keine geschlossenen, sondern offene thermodynamische Systeme.«

(und passieren ständig; thermodynamisches Gleichgewicht bedeutet für ein Lebewesen letztlich den Tod). Weiterhin zeigen die Arbeiten von Ilya Prigogine aus den siebziger Jahren des letzten Jahrhunderts, dass in Systemen fernab vom thermodynamischen Gleichgewicht aus Systemen mit hoher Entropie spontan geordnete Strukturen hervorgehen können (z. B. bilden sich Strudel in einer turbulenten Strömung). Schließlich konnte Manfred Eigen mit seiner Hyperzyklus-Theorie 1979 zeigen, wie durch Verknüpfung biochemischer Reaktionszyklen aus Nukleinsäuren und

Proteinen einfache replikative (sich selbst vervielfältigende) Stoffwechselwege entstehen können (Selbstorganisation). Bei allen offenen Fragen und Anfragen an solche und andere Theorien zur Entstehung des Lebens aus unbelebter Materie bleibt festzuhalten, dass der Zufall anscheinend in der Lage ist, komplexe Strukturen, möglicherweise auch Leben, hervorzubringen, auch wenn noch viele wissenschaftliche Probleme zu klären sind.

Aus theologischer Sicht fordern diese Befunde zunächst die Abkehr vom sogenannten Vitalismus (lat. *vita:* Leben), der davon ausgeht, dass es zur Bildung des Lebens auf der Erde eines speziellen göttlichen Eingreifens bedurft hätte (vgl. 1Mose 2,7). Prominente zeitgenössische Biologen wie Jacques Monod (1910–1976) oder Richard Dawkins (*1943) gehen weiter und entwickeln aus der Rolle des Zufalls in der Entstehung und Evolution des Lebens auf der Erde einen reduktiven Naturalismus, also eine philosophische Weltanschauung, die davon ausgeht, dass alle Aspekte der Realität ausschließlich auf das naturwissenschaftlich erfassbare Zusammenwirken ihrer Einzelbestandteile zurückgeführt werden können. Mit der Verneinung einer planvollen Schöpfung schließen sie auf die Nicht-Existenz eines Schöpfers. Damit betreiben diese Autoren aber philosophische Wirklichkeitsdeutung, verlassen also den Bereich der Biologie. Andere Weltauffassungen lassen sich ebenso begründen, und die biologischen Ergebnisse und Theorien sprechen nicht per se gegen die christliche Vorstellung von Gott als dem Urheber der Welt. Richtig ist, dass eine Theorie über die Art und Weise der Wirksamkeit Gottes in der Welt zumindest auf der Ebene der Materie den Begriff des Zufalls integrieren muss. Für eine solche Schöpfungslehre gibt es bereits biblische Ansätze; man beachte z. B. die Formulierung in 1Mose 1,24: »die Erde bringe hervor«. Der Begriff des Zufalls selbst bedarf allerdings der philosophischen und theologischen Interpretation.

> »Richtig ist, dass eine Theorie über die Art und Weise der Wirksamkeit Gottes in der Welt zumindest auf der Ebene der Materie den Begriff des Zufalls integrieren muss.«

Ein Modell besteht darin, den Ausgang eines scheinbar zufälligen Elementarereignisses als von Gott determiniert (festgelegt) anzusehen. Diese Denkform wird uns in der Auseinandersetzung um die Quantentheorie wieder begegnen (vgl. Kap. 3.2.2). Gegen eine solche Auffassung spricht allerdings, dass die Evolution durchaus »Sackgassen« kennt, was nicht recht zu einem Schöpfer passen will, der jedes zufällige Ereignis entscheidet. Darü-

> »Der Begriff des Zufalls selbst bedarf allerdings der philosophischen und theologischen Interpretation.«

ber hinaus behauptet diese Auffassung letztlich die Vorherbestimmung (Prädestination, von lat. *praedestinare:* im Voraus bestimmen) sämtlicher Ereignisse, denn der Begriff »Zufall« verliert hierbei letztlich seinen Sinn. Ein anderes Modell reduziert das Wirken Gottes auf eine Beeinflussung zufälliger Ereignisse, z. B. durch die äußeren Bedingungen, ohne den gesamten Weltlauf vorherzubestimmen. Gott greift demnach nur in begrenztem Umfang in den Lauf der Ereignisse ein. Diese Sicht ist insofern problematisch, als unklar erscheint, nach welchen Kriterien Gott entscheidet, seinen Einfluss geltend zu machen, und wie man sich diese Beeinflussung ohne Determination vorstellen soll. Eine dritte Variante betont Gottes Rolle als Schöpfer der Struktur aus den Naturgesetzen folgenden, determinierten und zufälligen Ereignissen. Gott ist hier »Designer«, allerdings legt er nur die Regeln fest, nach denen sich eine in die Freiheit entlassene Schöpfung entwickeln kann. Ein solches Modell ermöglicht ein großes Maß an Freiheit und Verantwortung der Geschöpfe. In gewissem Sinne haben wir es hier

> »Gott ist hier ›Designer‹, allerdings legt er nur die Regeln fest, nach denen sich eine in die Freiheit entlassene Schöpfung entwickeln kann.«

mit einer neuen Variante des Deismus zu tun, denn Gott fungiert nur als Schöpfer des »äußeren Rahmens« für die natürliche Entwicklung der Welt und greift ansonsten nicht mehr in das selbsterhaltende System ein, was mit dem christlichen Bild von Gottes Wirken in der Geschichte schwer vereinbar ist.

3.1.3 Ist Religion ein Produkt der Evolution?

Der Grundgedanke fortschreitender Entwicklung aus der Darwin'schen Theorie wurde bald zum Ausgangspunkt für Theorien der soziokulturellen Evolution, also der Evolution der menschlichen Gesellschaft sowie der kulturellen Phänomene in einer solchen. Zu den kulturellen Erscheinungen, die aus dem Blickwinkel des evolutionären Paradigmas untersucht werden, zählen auch alle denkbaren Formen von Religion. Ein im Rahmen dieser Theorien oft anzutreffendes Argument lautet, dass die Entwicklung religiöser Vorstel-

> »Zu den kulturellen Erscheinungen, die aus dem Blickwinkel des evolutionären Paradigmas untersucht werden, zählen auch alle denkbaren Formen von Religion.«

lung auf der Ebene kleiner Stammesgesellschaften diesen einen Vorteil im Kampf ums Überleben sicherte, weil sie Altruismus (d. h. Uneigennützigkeit) und Formen sozialer Kooperation auch gegenüber nicht blutsverwandten Mitgliedern einer Gruppe ermöglichte und so die Integration größerer gesellschaftlicher Gruppen gewährleistete, die so bereits statistisch ihre Chance auf Überleben und Fortpflanzung erhöhten. Auch die psychische Stabilität der Menschen, aus denen die Gruppe bestand, sei durch die Entwicklung religiöser Konzepte und Praktiken gesteigert worden. Anthropologie, Ethnologie und Religionssoziologie zeigen, dass elementare religiöse Formen wie Rituale und Mythen dem Zweck dienten, Krisen an biographischen Übergängen und in Grenzerfahrungen zu deuten und zu verarbeiten, was die Stabilität und Anpassungsfähigkeit der jeweiligen Gesellschaft erhöhte.

Schon 1964 hatte Robert N. Bellah (1927–2013) in einem Aufsatz über *Religiöse Evolution* die entsprechende Fragestellung etabliert. Er hatte sich zuerst vor allem auf die Evolution religiöser Symbolsysteme, also der Art und Weise, wie in einer Gesellschaft sich Symbole für religiöse Auffassungen und Praktiken entwickeln, konzentriert und die Verbindung der Evolution von Religion mit der soziokulturellen Evolution des Menschen insgesamt nur angedeutet, aber nicht eigens untersucht. Ralph Wendell Burhoe (1911–1997) hat diese Theorie auf weitere Stadien der Religionsgeschichte ausgeweitet, indem er den die vielen einzelnen Stammesreligionen ablösenden Weltreligionen die Fähigkeit zuschrieb, noch größere soziale Gruppen zu integrieren (Burhoe, 1986: 439–472). Dabei lieferten die mit universellem Anspruch antretenden Weltreligionen die in ihrem soziokulturellen Umfeld und vor ihrem zeitlichen Horizont besten Begründungen für die Loyalität zur religiösen Gemeinschaft. Die Entwicklung ist aber für Burhoe mit der Phase der Weltreligionen noch nicht abgeschlossen; seiner Ansicht nach müsse als eine der wissenschaftlichen Weltdeutung gemäßere Form der Religion die Verehrung der sich entwickelnden Natur als solche treten, gegenüber der wir unsere schlechthinnige Abhängigkeit anerkennen müssten. Die Frage ist allerdings, ob ein solcher evolutionärer Naturalismus wirklich in der Lage ist, der religiösen Erfahrung des Menschen, vor allem seinem Bedürfnis nach der Deutung von Grenzerfahrungen und der Begründung ethischer Normen, Rechnung zu tragen. Bellah hat 2011 in seinem Alterswerk *Religion in Human Evolution. From the Paleolithic to the Axial Age* die bisherige Theoriebildung zu diesem Thema zusammengefasst und zu zeigen versucht, wie Religion aus der Evolution insgesamt und aus der Evolutionsgeschichte des Menschen resultiere und inwiefern sie zu dem Überleben, der Reproduktion und zur kulturellen Entwicklung des Menschen beigetragen habe und beitrage.

Die Theorie, Religion als einen wesentlichen und unverzichtbaren Teil der Evolution zu betrachten, ist gerade auch deshalb interessant, weil damit die Evolutionstheorie nicht mehr als billige Polemik gegenüber der Religion insgesamt und dem christlichen Glauben im Besonderen zur Verfü-

»Die Frage ist allerdings, ob ein solcher evolutionärer Naturalismus wirklich in der Lage ist, der religiösen Erfahrung des Menschen, vor allem seinem Bedürfnis nach der Deutung von Grenzerfahrungen und der Begründung ethischer Normen, Rechnung zu tragen.«

gung steht. Die Evolutionslehre ist ja besonders dort, wo materialistische Ideologien – in Ost und West – vorherrschten, den Christen von den Gegnern des Glaubens geradezu um die Ohren gehauen worden. Wenn dagegen an der Theorie, dass Religion ein wesentlicher und unverzichtbarer Teil der Evolution und insofern in der Evolution ein Vorteil ist, irgendetwas dran ist, dann kehrt sich dieses Verhältnis um. Dann erscheint jeder ideologische Materialismus und Atheismus, ja, selbst ein gleichgültiger Agnostizismus, als ein vergebliches Aufbegehren gegen die Evolution. Allerdings könnten sich der christliche Glaube und die Theologie dennoch durch eine solche Konzeption herausgefordert fühlen, weil dann – wenn Religion ein evolutionärer Vorteil des Menschen gewesen sein sollte und weiterhin ist – die religiösen Überzeugungen und Handlungen vor allem von einer Logik der Anpassung reguliert würden und im eigentlichen Sinn nicht von Gott. Der christliche Glaube, wie überhaupt jede Religion, wäre dann als ein natürliches Resultat der kulturellen Evolution, ja, insgesamt der Evolution des Menschen, zu beschreiben und nicht als Resultat göttlicher Offenbarung.

Von Seiten der biblischen Theologie gibt es Entwürfe, die Religionsgeschichte ebenfalls mit evolutiven Kategorien zu deuten. So betrachtet der Neutestamentler Gerd Theißen religiöse Innovationen wie den Glauben an den einen Gott (Monotheismus, vgl. z. B. Jes 45,5–7) oder das Leben und die Botschaft Jesu als (im Unterschied zur biologischen Evolution nicht zufällige) Anpassungen, die allerdings gerade nicht auf die bessere »Fitness« unter dem Druck der Selektion, also auf die bessere Durchsetzungsfähigkeit von Individuen oder Gruppen im Überlebenskampf, abzielen. Es handele sich vielmehr um Anpassungen an die »ultimative Realität« Gottes, die das Prinzip der Selektion konterkarieren und gerade die Solidarität mit schwachen und benachteiligten Geschöpfen fordern.

Das eigentliche Problem im Verhältnis zwischen Evolutionstheorie auf der einen und Theologie auf der anderen Seite besteht darin, dass die wissenschaftlichen Theorien, die aufgrund empirischer Daten Hypothesen über materielle Vorgänge formulieren, oft zum Ausgangspunkt für eine reduktionistische Interpretation der Befunde genommen werden. Dabei geht es um die Deutung wissenschaftlicher Ergebnisse mit Sätzen wie »Religion ist nichts als ein Produkt der Evolution«. Religiöse Phänomene werden damit allein auf die Bedingungen ihrer evolutiven Entstehung zurückgeführt. Mit einer solchen Behauptung – selbst wenn die empirischen Aspekte der Religion vollständig erfasst wären – wird aber der Boden der Empirie verlassen; es handelt sich um einen metaphysischen Satz, zu dem es auch Alternativen gibt. Es besteht nämlich durchaus die Möglichkeit, dass die evolutiv gewordenen religiösen Strukturen einer transzendenten, jenseitigen und überzeitlichen Wirklichkeit entsprechen.

Das Problem des reduktionistischen Ansatzes mit »*nichts als*«-Aussagen spielt auch in anderen Begegnungsfeldern von Wissenschaft und Glaube bzw. Theologie eine Rolle (Kapitel 3.2; 3.3).

3.2 Physik: Moderne Kosmologie, Quantentheorie und biblische Schöpfungslehre

3.2.1 Moderne Kosmologie und biblischer Schöpfungsglaube

Die Kosmologie als Wissenschaft von der Entwicklung und Struktur des physikalischen Universums in seiner Gesamtheit ist ein klassisches Feld, in dem sich naturwissenschaftliche Welterschließung einerseits sowie Glaube und Theologie andererseits nahekommen, wie bereits an der Erörterung des »Falles Galilei« deutlich geworden ist. Die Frage nach dem Ursprung und der Entstehung des Weltganzen (die Kosmogonie, von griech. *kósmos*: das geordnete Weltganze und *genésthai*: werden, entstehen) zählt zu den zentralen Fragen, auf die die Kosmologie eine Antwort zu geben versucht, und berührt damit die theologische Schöpfungslehre: Viele Religionen reden von Gott als dem Schöpfer der Welt. Im Verhältnis zwischen Kosmologie und Theologie wechselten sich Phasen der Integration und Kooperation, Phasen des offenen Konflikts der beiden Disziplinen und Phasen des Dialogs und der Anerkennung ab.

Die Kosmologie hat in allen Kulturen eine religiöse Wurzel. Sie geht aus von mythischen Erzählungen über die Art und Weise, wie die Götter der Urzeit die Welt erschaffen, geordnet und erhalten haben. Im Alten Orient, der den kultu-

> »Die Frage nach dem Ursprung und der Entstehung des Weltganzen zählt zu den zentralen Fragen, auf die die Kosmologie eine Antwort zu geben versucht, und berührt damit die theologische Schöpfungslehre.«

rellen Hintergrund für die Schriften des Alten Testaments bildet, stellte man sich die Struktur des Kosmos als dreigeteilt vor: Die flache Weltscheibe ist nach oben durch die Luft und das Himmelsgewölbe (vgl. 1Mose 1,6–8) abgegrenzt, das die Wasser der Urflut von der Erde fernhält (vgl. das Bild von der Öffnung der »Schleusen des Himmels« 1Mose 7,11). Unter der festen Erde befinden sich das Reich des Süßwasserozeans, der die Quellen auf der Erde speist, sowie die Unterwelt. Im babylonischen *Enuma eliš*-Mythos erfolgt die Schöpfung, indem der Gott Marduk das Meeresungeheuer Tiamat, die Personifikation der chaotischen Urflut (vgl. 1Mose 1,2), im Kampf tötet und aus seinem Leichnam u. a. das Himmelsgewölbe formt (bei den Germanen findet sich ein ähnliches Motiv: Dort wird der Himmel aus der Schädeldecke des Urriesen Ymir gebildet).

Die beiden biblischen Schöpfungserzählungen 1Mose 1,1–2,4a und 1Mose 2,4b–25 greifen viele dieser und ähnlicher mythischer Motive aus ihrer Umwelt auf. In der Art und Weise, wie sie Tradition, Empirie und Spekulation miteinander verbunden haben, sind sie Kinder ihrer Zeit, also des 6. bis 3. Jahrhunderts v. Chr. Ihrem Charakter nach handelt es sich um Ätiologien (von griech. *aitía*: Ursache, Grund): Das sind Erzählungen, die erklären, wie ein mythisches Ereignis der Vergangenheit dazu geführt hat, dass bestimmte Sachverhalte der Gegenwart so sind,

> »In ihrer theologischen Konzeption gehen die biblischen Schöpfungserzählungen aber deutlich über ihre älteren orientalischen und ägyptischen Vorbilder hinaus.«

wie sie sind. So kulminiert der erste, sogenannte priesterschriftliche Schöpfungsbericht der Bibel in der Begründung der Sabbatruhe am siebten Schöpfungstag. In ihrer theologischen Konzeption gehen die biblischen Schöpfungserzählungen aber deutlich über ihre älteren orientalischen und ägyptischen Vorbilder hinaus: Während in jenen Texten Teile der Schöpfung, wie die Gestirne, selbst wieder der Sphäre des Göttlichen angehören (bei den Babyloniern z. B. gibt es den Sonnengott Schamasch, den Mondgott Sin, die Venusgöttin Ischtar etc.), werden sie in der biblischen Schöpfungserzählung entmythologisiert und sind keine selbst handelnden Götter mehr. Die Schöpfung geschieht allein durch das göttliche Wort, das die Dinge ins Dasein ruft; 1Mose 1,1–2,4a ist bereits das Ergebnis theologischer Auseinandersetzung des sich nach dem babylonischen Exil neu konstituierenden Judentums mit seiner überwiegend polytheistischen, viele Gottheiten verehrenden Umwelt. Gott ist in dieser Sicht nicht selbst Teil der Schöpfung, sondern steht ihr planend gegenüber. Auch das Motiv des göttlichen Geistes bzw. Atems, der »über den Wassern« der chaotischen Urflut schwebt (1Mose 1,2), ist in diesem Zusammenhang von Bedeutung. Es wird in Ps 104,30 auch für die fortwährende Schöpfung (lat. *creatio continua*) der Lebewesen verwendet. Im Bild vom göttlichen Logos (griech. *lógos*: Rede, Wort; Vernunft) aus dem Prolog des Johannesevangeliums Joh 1,1–18 verbindet sich das Motiv des schaffenden göttlichen Wortes aus 1Mose 1,1–2,4a mit dem Logos-Begriff aus der griechischen, vor allem der stoischen Philosophie, in der der Logos ein in der Welt waltendes Prinzip darstellt, das die Schöpfung rational begründet, ordnet und erhält. Im Fokus der biblischen Rede von Gott als dem Schöpfer der Welt steht vorrangig nicht die Schilderung von Details des Schöpfungsvorgangs,

> **»Die Schöpfung geschieht allein durch das göttliche Wort, das die Dinge ins Dasein ruft.«**

also das »Wie« der Schöpfung, sondern die Glaubensaussage, dass es eben Gott ist, der die Welt geschaffen hat und erhält; es geht um die Kausalität, das »Woher« und »Wodurch«, sowie die Teleologie, das »Wozu« der Schöpfung und der Geschöpfe. Die Frage, ob und wenn ja, in welcher Form diese jahrhundertealten Zeugnisse biblischen Schöpfungsglaubens für den Glauben von Juden und Christen auch heute existenziell bedeutsam sein können, gehört wissenschaftlich in den Bereich der Hermeneutik, also der theologischen Disziplin, die sich mit dem Verstehen der biblischen Texte beschäftigt. Für den Dialog mit den Naturwissenschaften bieten die biblischen Schöpfungserzählungen eine Sicht der Natur und des Kosmos ganz aus der Perspektive konkreter Menschen, für die entscheidend ist, dass Gott einen guten und geordneten Kosmos geschaffen hat und erhält – und der Mensch in seiner Geschöpflichkeit, Begrenztheit und Abhängigkeit darin wohl aufgehoben ist.

Die eigentliche wissenschaftliche Kosmologie hat im Laufe ihrer langen Geschichte bereits mehrere Paradigmenwechsel erlebt. Von der Systematisierung der geozentri-

> »Im Fokus der biblischen Rede von Gott als dem Schöpfer der Welt steht vorrangig nicht die Schilderung von Details des Schöpfungsvorgangs, also das »Wie« der Schöpfung, sondern die Glaubensaussage, dass es eben Gott ist, der die Welt geschaffen hat und erhält.«

> »Für den Dialog mit den Naturwissenschaften bieten die biblischen Schöpfungserzählungen eine Sicht der Natur und des Kosmos ganz aus der Perspektive konkreter Menschen, für die entscheidend ist, dass Gott einen guten und geordneten Kosmos geschaffen hat und erhält.«

schen Kosmologie durch Ptolemäus war bereits in Kapitel 2 die Rede, ebenso wie von den Entdeckungen des Kopernikus, Galileis und Keplers, die die Wendung zum heliozentrischen Weltbild einleiteten. Diese Entwicklung fand ihren vorläufigen Höhepunkt in der Arbeit Isaac Newtons (1643–1727), der 1686 in seinen *Mathematischen Prinzipien der Naturphilosophie (Philosophiae naturalis principia mathematica)* die Bewegung der Himmelskörper im Rahmen der Galilei'schen Fallgesetze behandelte und in der Lage war, die Schwerkraft auf eine einfache Formel zu bringen und für beliebige Körper zu berechnen. Er leitete die Kepler'schen Gesetze, die jener aus der Beobachtung gefolgert hatte, allein aus seinen bis heute in der Schulphysik thematisierten drei Gesetzen ab. Newton avancierte zum Helden der neuen Wissenschaft, die die Welt als eine zwar komplizierte, aber eindeutigen mechanischen Gesetzen gehorchende Maschine betrachtete. Ein Ausdruck der Newton-Verehrung im Aufklärungszeitalter ist sein Grabspruch von Alexander Pope:

»Nature and Nature's Law lay hid in Night; God said: Let Newton be! – and all was Light.« (»Natur und Naturgesetze lagen verborgen im Dunkeln; Gott sprach: Es werde Newton! – und alles ward Licht.«)

»Für den tief religiösen Newton selbst blieb die mathematische Harmonie seines Kosmos, in dem alle Materie vom fallenden Apfel bis zu den Gestirnen denselben einfachen Gesetzen gehorchte, stets Ausdruck des göttlichen Planes.«

Für den tief religiösen Newton selbst blieb die mathematische Harmonie seines Kosmos, in dem alle Materie vom fallenden Apfel bis zu den Gestirnen denselben einfachen Gesetzen gehorchte, stets Ausdruck des göttlichen Planes. Darüber hinaus schrieb er Gott eine mehr oder weniger aktive Rolle bei der Vermittlung von Naturgesetzen wie der Gravitation zu; er war sogar der Ansicht, dass Gott von Zeit zu Zeit korrigierend in den Lauf der Gestirne eingreifen müsse, weil sich sonst durch die Summation geringer Abweichungen im Lauf der Zeit Unregelmäßigkeiten im Sonnensystem zeigen müssten. Das von Newton begründete physikalische Weltbild war allerdings auch anders interpretierbar. Die Theologie des Deismus hielt den Lauf der Welt, der den Newton'schen Differenzialgleichungen gehorcht, für autark und seit der Schöpfung vollständig determiniert. Robert Boyle (1627–1691), selbst erfolgreicher Naturwissenschaftler und Zeitgenosse Newtons, prägte für diese Weltanschauung das Bild vom Kosmos als einer Uhr, die, einmal vom göttlichen Uhrmacher richtig eingestellt, selbstgenügsam funktionierte. Wohl ließ sich mit der Harmonie und Ordnung des Kosmos trefflich für eine Natürliche Theologie und für die Vorsehung eines göttlichen Designers argumentieren, aber es stellte sich die Frage, welche Aufgabe einem solchen Schöpfer nach *vollendeter* Schöpfung weiter zukommen sollte. Das Newton'sche Paradigma ermöglichte schließlich sogar die Deutung, dass der Kosmos schon immer autonomen Gesetzen gehorcht haben könnte und dementsprechend weder Platz für einen göttlichen Erhalter noch für einen göttlichen Designer der Welt blieb. Diese Konsequenz zog z. B. Pierre-Simon de Laplace (1749–1827), der um 1800 einige der von Newton offen gelassenen Probleme bezüglich der Entstehung des Son-

> »Robert Boyle prägte für diese Weltanschauung das Bild vom Kosmos als einer Uhr, die, einmal vom göttlichen Uhrmacher richtig eingestellt, selbstgenügsam funktionierte.«

nensystems lösen konnte. Auf die Frage Napoleons, weshalb in seinen luziden Veröffentlichungen nie vom göttlichen Schöpfer die Rede sei, soll er geantwortet haben: »Eine solche Hypothese habe ich nicht benötigt« (Faye, 1884: 110). Bereits das mechanische, deterministische Weltbild der Newton'schen Physik ermöglicht also ein ganzes Spektrum metaphysischer Deutungen, die vom Glauben an Gott als Planer und Erhalter des Universums bis hin zu einem atheistischen Materialismus reichen.

> »Bereits das mechanische, deterministische Weltbild der Newton'schen Physik ermöglicht also ein ganzes Spektrum metaphysischer Deutungen, die vom Glauben an Gott als Planer und Erhalter des Universums bis hin zu einem atheistischen Materialismus reichen.«

Wissenschaftliche Paradigmen können also auf unterschiedlichste Weise philosophisch und theologisch verstanden, interpretiert und in eine umfassende Weltsicht integriert werden. Probleme und Missverständnisse treten erst dann auf, wenn diese Grenze zwischen der empirischen Wissenschaft zur metaphysischen Spekulation überschritten wird, ohne dass der Autor diesen Übergang kennzeichnet oder sich dessen bewusst ist, wenn also philosophische Entscheidungen mit dem Hinweis auf scheinbare empirische Überprüfbarkeit der Thesen untermauert werden sollen.

In den zwanziger Jahren des letzten Jahrhunderts entdeckte der Astronom Edwin Hubble (1889–1953), dass die bis dahin in Ermangelung eines besseren Begriffs einfach als »Nebel«

titulierten Gebilde außerhalb unseres Sonnensystems selbst weitere Sonnensysteme darstellen, die sich darüber hinaus vom unsrigen fortbewegen, und zwar umso schneller, je weiter sie bereits entfernt sind. Diese Beobachtungen leiteten den dritten großen Wandel der physikalischen Kosmologie ein, der bis in unsere Tage anhält. Aus der Abstandsabhängigkeit der Fluchtgeschwindigkeit der Galaxien folgerte Hubble, dass das Universum sich ausdehnt. Diese Hypothese war theoretisch bereits von Alexander Friedmann und Georges Lemaître auf Basis der Allgemeinen Relativitätstheorie Albert Einsteins (1879–1955) formuliert worden und implizierte, dass es zu Beginn des Universums eine Phase gegeben haben musste, in der alle Materie in einem Raum von subatomarer Größenordnung sehr nahe beieinander gewesen war. Eine Explosion am Beginn von Raum und Zeit, Urknall (engl.: *big bang*) genannt, habe dann mit unvorstellbarer (aber berechenbarer!) Geschwindigkeit das Universum aufgebläht. Gegen diese dynamische Theorie des Universums argumentierten die Vertreter eines statischen (engl.: *steady state*) Universums mit der relativen Gleichverteilung der Massen auf großen Längenskalen. Erst als seit 1965 durch radioteleskopische Messungen mit zunehmend besserer Auflösung Karten der sogenannten kosmischen Hintergrundstrahlung erstellt wurden, setzte sich die Big-Bang-Theorie durch. Diese Strahlung, der eine Temperatur von 2,7 Kelvin, also nahe am absoluten Nullpunkt der Temperaturskala, korrespondiert, ist der Überrest einer einst hochenergetischen Strahlung, die in der Frühphase des Universums den gesamten Raum ausfüllte, m. a. W. ein »Nachglühen« des Urknalls. Später fand man heraus, dass zur Erklärung der großräumigen Strukturen des Universums eine weitere Masse, die sogenannte dunkle (weil nicht mit Licht wechselwirkende) Masse, nötig ist, und dass sich das Universum sogar beschleunigt ausdehnt, was nur durch eine die Gravitationskräfte überkompensierende sogenannte dunkle Energie erklärt werden kann (Physik-Nobelpreis 2011 an Saul Perlmutter, Brian P. Schmidt und Adam G. Riess). Damit stehen wir heute vor der paradoxen Situation, dass wir nach vierhundert Jahren moderner Physik nur Aussagen über etwa fünf Prozent der gesamten Masse und Energie des Universums treffen können.

Eine verbreitete Version des Urknall-Konzepts geht von einem echten Anfang von Zeit und Raum aus. Mathematisch spricht man von einer Singularität, was bedeutet, dass die betreffenden physikalischen Theorien zeitlich prinzipiell nicht vor die sogenannte Planck-Zeit 10^{-43} s vordringen können. Dieser kosmologische Befund scheint eine Analogie zu bilden zum Gedanken der Schöpfung aus dem Nichts (lat. *creatio ex nihilo*), wie ihn die Kirchenväter formulierten, sowie zur Vorstellung eines absoluten Anfangs der Welt aus 1 Mose 1,1. Am 23. November 1951 kommentierte Papst Pius XII. in einer Ansprache an die Päpstliche Akademie der Wissenschaften: »Entsprechend ihrem Fortschreiten und entgegen früher vorgetragenen Behauptungen entdeckt wahre Wissenschaft tatsächlich Gott in immer größerem Maße – als wartete Gott hinter jeder Tür, die die Wissenschaft öffnet.«

Aber auch hier ist Vorsicht geboten, denn die Kosmologie ist – wie jede naturwissenschaftliche Theorie – offen für al-

»Dieser kosmologische Befund scheint eine Analogie zu bilden zum Gedanken der Schöpfung aus dem Nichts.«

ternative, nicht-theistische Interpretationen, also solche, die ohne Gott auskommen. (vgl. Kap. 3.2.3). Zudem gibt es alternative Theorien zum »absoluten Anfang«, z. B. die Kosmologie von Stephen W. Hawking, die von einer endlichen, aber unbegrenzten Zeit ausgeht (das räumliche Analogon wäre die Oberfläche einer Kugel: endlich, aber – in 2-D – unbegrenzt) und damit das Problem löst, wie man zwischen den sich ausschließenden, paradoxen Alternativen eines Beginns der Zeit bzw. einer unendlichen Zeit

> **»Die Frage ist, ob für eine funktionierende Schöpfungstheologie der ›absolute Anfang‹ notwendig ist oder nicht; der Schlüssel zu einer konsistenten Interpretation liegt eher im richtigen Verständnis der *creatio continua*, der fortwährenden Schöpfung, und des Wirkens Gottes in der Welt.«**

entscheiden kann. Die Frage ist, ob für eine funktionierende Schöpfungstheologie der »absolute Anfang« notwendig ist oder nicht; der Schlüssel zu einer konsistenten Interpretation liegt eher im richtigen Verständnis der *creatio continua*, der fortwährenden Schöpfung, und des Wirkens Gottes in der Welt.

3.2.2 Würfelt »der Alte«? Die Quantentheorie und die Frage nach dem Wirken Gottes

Die klassische Physik des 17., 18. und 19. Jahrhunderts, geprägt von der Mechanik Newtons und der Integration von Elektrizität, Magnetismus und Optik in der Theorie James C. Maxwells (1831–1879), ging davon aus, dass die Teilchen (Partikel), Felder und Wellen, aus denen die materielle Welt besteht, zu jedem Zeitpunkt eindeutige physikalische Eigenschaften haben – ob diese nun gemessen werden oder nicht – und dass physikalische Theorien über diese Eigenschaften wirklichen Dingen auf irgendeine Weise korrespondieren (Realismus). Die Eigenschaften eines physikalischen Systems lassen sich zumindest prinzipiell aus den Eigenschaften der Partikel ableiten, aus denen es zusammengesetzt ist (Reduktionismus), und aus gleichen experimentellen Anfangsbedingungen resultieren stets gleiche Ergebnisse (kausaler Determinismus). Eine klassische Formulierung dieses physikalischen Weltbilds findet sich bei dem bereits in Kap. 3.2.1 erwähnten de Laplace, interessanterweise aber in einem Buch über Wahrscheinlichkeitstheorie:

> »Eine Intelligenz, die in einem gegebenen Augenblick alle Kräfte kennen würde, mit denen die Welt begabt ist, und die gegenseitige Lage der Dinge, die sie zusammensetzen, und die überdies umfassend genug wäre, diese Gegebenheiten der Analyse zu unterziehen, würde in der gleichen Formel die Bewegungen der größten Himmelskörper und die des leichtesten Atoms umfassen. Nichts wäre für sie ungewiss, Zukunft und Vergangenheit wären ihren Augen gegenwärtig« (de Laplace, 1814: 2).

Zu Beginn des 20. Jahrhunderts musste diese deterministische Sicht der Physik revidiert werden. Bei der Untersuchung der atomaren und subatomaren Bestandteile der Materie stellten die Physiker fest, dass die beiden sich in der klassischen Physik ausschließenden Modelle von Partikel und Welle sich wesentlich ergänzen. Klassische Partikel wie das Elektron zeigten in manchen Experimenten Welleneigenschaften, klassische elektromagnetische Wellen Teilcheneigenschaften. Es gilt das Komplementaritätsprinzip: Je nach Versuchsaufbau geben unterschiedliche, einander strukturell eigentlich ausschließende theoretische Konzepte sich ergänzende Informationen über ein physikalisches System. Die physikalische Deutung vereinigt diese (Grenz-) Konzepte zu einer neuen Theorie, der Quantentheorie, die auf dem Welle-Teilchen-Dualismus beruht. Daraus ergeben sich einige interessante Konsequenzen. So gilt es nach Niels Bohr, bei jedem physikalischen Experiment die Rolle des Beobachters auf das Resultat zu berücksichtigen. Man kann sagen, die physikalische Größe, die sogenannte Wellenfunktion, die ein quantenmechanisches System beschreibt, ist vor dem Experiment »unentschieden«, sie bildet eine Überlagerung aller möglichen experimentellen Resultate. Erst die Beobachtung im Experiment »zwingt« das Quantensystem dazu, »sich zu entscheiden«; das Experiment »präpariert einen reinen Zustand«. Determiniert ist nicht mehr der Ausgang des Experiments, sondern nur noch die jeweilige Wahrscheinlichkeit der möglichen Resultate.

> **»Determiniert ist nicht mehr der Ausgang des Experiments, sondern nur noch die jeweilige Wahrscheinlichkeit der möglichen Resultate.«**

Dieser probabilistische (wahrscheinlichkeitstheoretische) Charakter der Quantentheorie ist ein fundamentaler Unterschied zur klassischen Physik.

Eine weitere damit zusammenhängende Konsequenz aus dem Welle-Teilchen-Dualismus ist die Heisenberg'sche Unbestimmtheitsrelation: Für einen komplementären Satz lokaler raumzeitlicher Größen ist es unmöglich, beide mit beliebiger Genauigkeit im gleichen Experiment zu messen.

»Zum Beispiel kann man in einem Versuch die momentane Geschwindigkeit eines Elektrons ermitteln, hat dann aber keine Informationen mehr über seinen Ort und umgekehrt.«

Zum Beispiel kann man in einem Versuch die momentane Geschwindigkeit eines Elektrons ermitteln, hat dann aber keine Informationen mehr über seinen Ort und umgekehrt. Dabei handelt es sich nicht um Messfehler, sondern möglicherweise um eine der Materie innewohnende Struktur (»Kopenhagener Deutung« nach Niels Bohr). Einstein, der selbst durch seine Arbeiten zum lichtelektrischen Effekt die Quantenmechanik mitbegründet hatte, war zeitlebens überzeugt davon, dass die quantenmechanische Unbestimmtheit nur vorläufigen Charakter haben könne und früher oder später durch eine umfassendere, realistische, deterministische und lokale Theorie ersetzt werden würde; in einem Brief an Max Born formuliert er: »Die Theorie liefert viel, aber dem Geheimnis des Alten [sc. Gottes] bringt sie uns kaum näher. Jedenfalls bin ich überzeugt, daß der nicht würfelt.«

»Die Theorie liefert viel, aber dem Geheimnis des Alten [sc. Gottes] bringt sie uns kaum näher. Jedenfalls bin ich überzeugt, daß der nicht würfelt.«

(Born, [3]1959: 244)

Tatsächlich gibt es zu der Bohr'schen Deutung alternative Theorien der »verborgenen Variablen« wie z. B. die von David Bohm, der die Idee zugrunde liegt, dass die beobachteten Unbestimmtheiten auf atomarer Ebene auf deterministische Prozesse zurückzuführen sind, die im Rahmen der Standardinterpretation der Quantentheorie nicht messbar sind. Theorien wie diese liefern allerdings bis heute keine experimentell überprüfbaren Voraussagen, die von denen der Standardtheorie abweichen würden.

Aus theologischer Sicht sind es vor allem drei mögliche Folgerungen aus der Quantenmechanik, die relevant werden können. Zum einen gibt es Versuche, die menschliche Willensfreiheit (vgl. Kap. 3.3.3) quantenmechanisch zu begründen. Ein Beispiel ist die dualistische Konzeption von John C. Eccles, die den Versuch darstellt, die Autonomie des Geistes gegenüber dem physikalischen, also quantenmechanischen System Gehirn zu wahren (John C. Eccles: *Wie das Selbst sein Gehirn steuert*). Eccles sieht, vereinfacht, den menschlichen Geist als denjenigen an, der im Gehirn auf den Ausgang quantenmechanischer Ereignisse einwirkt. Diese Theorie ist zwar konsistent und widerspricht keinen empirischen Ergebnissen; es gibt aber eine Vielzahl alternativer Modelle, und ob der Substanz-Dualismus von Eccles notwendig ist, um Argumente für die Willensfreiheit aus der Position religiösen Glaubens zu generieren, ist fraglich.

»Erst die Beobachtung ruft also (im Rahmen der Kopenhagener Interpretation) das Resultat des Experiments hervor.«

Das zweite Problem betrifft die Rolle des Beobachters im Messprozess. Erst durch die Beobachtung wird aus einer Überlagerung von Quantenzuständen ein »reiner Zustand« präpariert; erst die Beobachtung ruft also (im Rahmen der Kopenhagener Interpretation) das Resultat des Experiments hervor. Wendet man diese Überlegung auf das evolvierende Universum als Ganzes an, stellt sich die Frage nach dem Beobachter. Der Physiker John A. Wheeler betrachtet den menschlichen Geist, der die Prozesse in der Natur (inklusive der Folgen des Big Bang!) beobachte, letztlich als Schöpfer der Wirklichkeit. Eine andere Alternative setzt an dessen Stelle Gott, der durch seine Beobachtung des Kosmos die physikalische Realität erzeuge. Derartige Modelle beruhen allerdings auf dem Missverständnis, dass es die Wechselwirkung mit einem beobachtenden Geist sei, die das Quantensystem auf einen möglichen Zustand festlege. Tatsächlich reicht dafür bereits die Wechselwirkung des zu beobachtenden Systems mit den Teilchen des Beobachtersystems aus.

Damit stellt sich drittens die Frage nach dem Wirken Gottes in der Welt. Klassische interventionistische (lat. *intervenire*: unterbrechen, stören) Modelle behaupten das zeitweilige Eingreifen Gottes in das Weltgeschehen entgegen der (von ihm selbst geschaffenen) physikalischen Gesetzmäßigkeiten; ein Beispiel dafür wären Wunder, so wie sie in der Bibel berichtet werden oder wie sie Menschen möglicherweise erhoffen.

Nicht-interventionistische Modelle verorten dagegen das Handeln Gottes im Rahmen der physikalischen Gesetze. Die Quantentheorie in der Kopenhagener Deutung scheint ein guter Kandidat, um dies zu ermöglichen: Gott sei es, der das Resultat eines quantenmechanischen Einzelereignisses lenke. Damit wäre das göttliche Wirken prinzipiell nicht physikalisch messbar, Gott würde zur »verborgenen Variable« par excellence, und die göttliche Vorsehung bliebe der den Weltlauf determinierende Faktor. In einem solchen Modell verweist man Gott allerdings an eine unbestimmte Leerstelle des physikalischen Weltbildes, und zwar auf der elementarsten Ebene des Geschehens, und degradiert ihn damit letztlich zu einem Lückenbüßer. Außerdem wirft ein solches

Modell auch von neuem das Problem der Prädestination auf inklusive der Konsequenzen für die Theodizee, also der Frage nach dem Ursprung des Leids und des Bösen angesichts der Existenz eines guten und allmächtigen Gottes. Schließlich bleibt die Frage, ob die Unbestimmtheit physikalischer Ereignisse wirklich einen Mangel darstellt, den es unter allen Umständen zu beheben gilt, oder ob nicht eine mit dem Gedanken eines physikalischen Indeterminismus kompatible Theologie denkbar ist (vgl. Kap. 4.2).

> »Schließlich bleibt die Frage, ob die Unbestimmtheit physikalischer Ereignisse wirklich einen Mangel darstellt, den es unter allen Umständen zu beheben gilt, oder ob nicht eine mit dem Gedanken eines physikalischen Indeterminismus kompatible Theologie denkbar ist.«

3.2.3 Das Anthropische Prinzip und die Suche nach der »Weltformel«

Das klassische Argument für eine planvolle Schöpfung der Welt lautet: Das Vorhandensein genau derjenigen physikalischen Bedingungen, durch die Leben im Allgemeinen und menschliches Leben im Besonderen ermöglicht werden, sei so unwahrscheinlich, dass man notwendig einen Schöpfer voraussetzen müsse. In neuem Gewande begegnet dieses Argument für einen kosmischen Plan in Form des

> »Das Vorhandensein genau derjenigen physikalischen Bedingungen, durch die Leben im Allgemeinen und menschliches Leben im Besonderen ermöglicht werden, sei so unwahrscheinlich, dass man notwendig einen Schöpfer voraussetzen müsse.«

sogenannten (starken) Anthropischen Prinzips (griech. *anthropos*: Mensch). Dahinter verbirgt sich die Einsicht, dass kleinste Veränderungen von Naturkonstanten wie der Feinstrukturkonstante, der kosmologischen Konstante, der Protonmasse, der Dimensionalität des Universums usw. die Entstehung von kohlenstoffbasiertem Leben unmöglich machen würden. Geht man also von der Gleichwahrscheinlichkeit aller möglichen Werte für diese Größen aus, ergibt sich, dass wir in einem sehr unwahrscheinlichen Universum leben. Nun kann man erstens einwenden, dass wir notwendigerweise in einem Universum leben, das menschliches Leben ermöglicht, weil wir andere Alternativen schlicht nicht beobachten können; zweitens impliziert auch eine sehr geringe Wahrscheinlichkeit eine Möglichkeit. Es gibt darüber hinaus Theorien, die davon ausgehen, dass am Beginn der Raumzeit nicht *ein* Universum entstand, sondern viele, zu deren Existenz wir keinerlei Zugang haben, ein »Multiversum«, oder dass aus sogenannten Quantenfluktuationen, d. h. kleinen statistischen Schwankungen physikalischer Felder, die sogar im Vakuum existieren, ständig von uns unbemerkt neue Universen entstehen. Ebenfalls aus der Quantentheorie stammt der philosophisch reizvolle Vorschlag einer Vielweltentheorie: Anstatt annehmen zu müssen, dass sich bei der Beobachtung eines Quantenereignisses aus uns unbekannten Gründen die eine oder andere Möglichkeit realisiert, kann man postulieren, dass sich bei jedem elementaren Ereignis

»Die Vielweltentheorie postuliert, dass sich bei jedem elementaren Ereignis das Universum in so viele parallele Universen aufspaltet, wie es mögliche Zustände für die Wellenfunktion gibt.«

das Universum in so viele parallele Universen aufspaltet, wie es mögliche reine Zustände für die Wellenfunktion gibt. Das hieße in letzter Konsequenz, dass alles materiell mögliche sich auch verwirklicht. Das Problem mit derartigen Theorien besteht darin, dass sie durch kein in diesem Universum stattfindendes Experiment falsifiziert (als falsch erkannt) werden können. Es handelt sich letztlich um metaphysische Spekulationen auf Basis physikalischer Theorien wie der Allgemeinen Relativitätstheorie und der Quantenfeldtheorien, die es aber ermöglichen, die Existenz unseres fein abgestimmten Universums als zufälliges Ereignis werten zu können. Die Kontingenz (Zufälligkeit) unseres vorfindlichen Universums ist interpretationsoffen: Während Physiker wie Stephen W. Hawking oder Freeman Dyson sie als Hinweis auf ein unsere Existenz ermöglichendes Szenario werten, folgern andere wie z. B. Peter W. Atkins, dass »keine Notwendigkeit für uns besteht, uns für etwas anderes als Verästelungen des Zufalls zu halten« (Atkins, 1981: 140).

Neben Plan und Zufall gibt es noch eine dritte Option, die eigentümliche Struktur des Universums, das unser menschliches Leben ermöglicht, zu deuten. Diese besteht darin, anzunehmen, dass in einer finalen »Theorie von allem« (engl. *theory of everything*, TOE), welcher es gelänge, die Einstein'sche Gravitationstheorie mit den Quantenfeldtheorien der übrigen drei Kräfte (elektromagnetische, starke und schwache Kernkraft) zu vereinen, die in diesen Theorien offen bleibenden Kontingenzen in einen eindeutigen Zusam-

> »Das Problem mit derartigen Theorien besteht darin, dass sie durch kein in diesem Universum stattfindendes Experiment falsifiziert (als falsch erkannt) werden können.«

menhang gebracht werden könnten. Eine solche Theorie, eine »Weltformel«, wäre in sich konsistent (stimmig) und müsste prinzipiell (wenn auch nicht praktisch!) Vorhersagen über jedes denkbare materielle Ereignis ermöglichen. Damit wäre die Struktur unseres Universums notwendig so, wie wir sie vorfinden. Hawking beispielsweise schlussfolgert spekulativ über die Möglichkeit einer TOE, dass Gott »bei der Wahl der Anfangsbedingungen überhaupt keine Freiheit« (Hawking, 1991: 126) geblieben sein könnte. Dabei scheint er vorauszusetzen, dass eine TOE kein einziges kontingentes Element mehr aufweisen werde, was angesichts der Form unserer bisherigen physikalischen Theorien, in denen immerhin Dinge wie »Ladung«, »Energie« oder »Wechselwirkung« immer vorausgesetzt werden müssen, fraglich bleibt. Das Problem eines solchen Arguments, das man als konsequente Weiterentwicklung des Deismus auffassen kann, besteht darin, dass es die Transzendenz, also die Überweltlichkeit eines möglicherweise existierenden Gottes, nicht ernst nimmt.

> »Eine solche Theorie, eine ›Weltformel‹, wäre in sich konsistent (stimmig) und müsste prinzipiell (wenn auch nicht praktisch!) Vorhersagen über jedes denkbare materielle Ereignis ermöglichen.«

Metaphysisch lässt sich stets ein Überschuss der »Möglichkeiten« Gottes gegenüber einem realisierten Universum samt den ihm zugrundeliegenden, notwendigen oder kontingenten Naturgesetzen denken. Anders gewendet: Die Idee von Gott als Schöpfer und Erhalter der Welt, damit auch als Schöpfer und Gewährleister der Naturgesetze, lässt sich, ebenso wie die atheistischen Deutungsalternativen, vermutlich als vorgängig (a priori) und vereinbar mit jedem konsistenten physikalischen Paradigma denken.

3.3 Neurowissenschaften:
Bewusstsein – Geist – Seele – freier Wille

3.3.1 Leib und Seele

Die modernen Neurowissenschaften untersuchen die messbaren physiologischen Erscheinungen, die bewusste und unbewusste mentale Prozesse begleiten. Mit der stetigen Erweiterung unserer Kenntnis der physiologischen Zusammenhänge im Gehirn durch experimentelle Methoden, gegenwärtig vor allem mit bildgebenden Verfahren, stellt sich stärker als je zuvor die Frage nach der Interpretation neurowissenschaftlicher Forschungsergebnisse. Das Ringen um die Deutungshoheit betrifft unter anderem die Frage nach der Existenz und den Eigenschaften der menschlichen Seele.

»Mit der stetigen Erweiterung unserer Kenntnis der physiologischen Zusammenhänge im Gehirn stellt sich stärker als je zuvor die Frage nach der Interpretation neurowissenschaftlicher Forschungsergebnisse.«

In der christlichen Tradition ist der Begriff »Seele« mindestens in zweifacher Hinsicht von Relevanz. Zum einen kann der Mensch als Seele zum Beispiel moralische Entscheidungen treffen oder über sich selbst hinaus schreiten und so möglicherweise mit dem Göttlichen in Kontakt treten. Zum andern ist es die Seele – nach einer auf den griechischen Philosophen Platon zurückgehenden Vorstellung –, in der ein Mensch seinen physischen Tod überdauert. Das Konzept von der Unsterblichkeit der Seele wurde und wird immer wieder aus unterschiedlichen Positionen kritisiert: aus philosophischer und theologischer Sicht vor allem wegen des damit einhergehenden Substanz-Dualismus, wie er sich exemplarisch bei René Descartes (1596–1650) in der Unterscheidung von »ausgedehnter« (lat. *res extensa*) und »denkender« (*res cogitans*) Substanz findet. Die erstgenannte Konzeption scheint ein notwendiges Element des christlichen Glaubens zu sein, die zweite jedoch nicht, auch wenn sie sich seit der Aufnahme neuplatonischen Gedankenguts in die christliche Theologie bei einigen Kirchenvätern seit dem 3. Jahrhundert großer Beliebtheit erfreute. Im Neuen Testament begegnet z. B. bei Paulus der Gegensatz von »Fleisch« (griech. *sárx*) und »Geist« (*pneuma*) im Kontext der Soteriologie (der Lehre von der Erlösung), kaum jedoch in der Anthropologie (der Lehre vom Menschen). Die biblische Tradition ist vielmehr geprägt von einer alternativen, ganzheitlichen Anthropologie, die den Menschen als Einheit von Körper und Seele bzw. als »Verkörperung« der Seele (hebr.: *näfäš chayyah* – lebendige Seele; vgl. z. B. 1Mose 2,7) ansieht. Im Rahmen dieser

> **»Die biblische Tradition ist vielmehr geprägt von einer alternativen, ganzheitlichen Anthropologie, die den Menschen als Einheit von Körper und Seele bzw. als ›Verkörperung‹ der Seele ansieht.«**

holistischen (griech. *hólos*: ganz, ganzheitlich) Auffassung des Menschen ist die Auferstehung der Toten eher als eine Neuschöpfung der gesamten leib-seelischen Person vorzustellen denn als Einzug einer in der Warteschleife befindlichen Seele in einen neu für sie geschaffenen Körper. Probleme treten allerdings auf, wenn mit Bezug auf neurowissenschaftliche Erkenntnisse nicht nur die Vorstellung einer Unsterblichkeit der Seele verworfen, sondern zugleich auch grundsätzlich die Existenz einer Seele im Menschen verneint wird.

Das Problem, das sich der christlichen Theologie durch die Hirnforschung stellt, geht freilich noch tiefer. Reduktionistische Interpretationen neurowissenschaftlicher Ergebnisse, z. B. der eliminative Naturalismus von Paul M. Churchland (*1942), bestreiten nicht nur das selbständige Vorhandensein der Seele, sondern überhaupt des menschlichen Bewusstseins. Churchland ist der Auffassung, dass alltägliche Formulierungen wie »ich empfinde« oder »ich beabsichtige« letztlich sachlich inadäquat seien und suggerierten, es gebe tatsächlich solche Bewusstseinszustände im Menschen. Nach Churchlands Auffassung könnten jedoch nur neuronale Zustände im Menschen Realität beanspruchen. Dagegen hätten mentale (geistige) Zustände im Menschen keine eigene Realität. Aus der Vielzahl der philosophischen und theologischen Probleme, die sich aus einer solchen Interpretation des geistigen und seelischen Lebens von Menschen ergeben, sei exemplarisch das sogenannte Qualia-Problem angedeutet: Wenn man probehalber einmal einen eliminativen

> »Churchland ist der Auffassung, dass alltägliche Formulierungen wie ›ich empfinde‹ oder ›ich beabsichtige‹ letztlich sachlich inadäquat seien.«

Materialismus à la Churchland mit seinen Konsequenzen akzeptiert, dann stellt sich die Frage, welchen Realitätsgehalt man dann subjektiven Empfindungen wie »Ich sehe Blau«, »Ich habe Zahnschmerzen« oder Intentionen wie »Ich will« zuschreiben soll. Natürlich sind solche »mentalen Zustände« physiologisch repräsentiert, auch wenn wir derzeit noch nicht den Zusammenhang zwischen physiologischem und mentalem Zustand beschreiben können. Vielleicht ist man eines Tages in der Lage, mit naturwissenschaftlichen Methoden sämtliche materiellen Vorgänge, die solche Ich-Aussagen über das eigene bewusste, seelische und geistige Leben begleiten, zu erfassen. Doch auch dann wäre möglicherweise die Besonderheit einer subjektiven Wahrnehmung, die »Erste-Person-Perspektive«, überhaupt noch nicht begriffen und schon gar nicht ad absurdum geführt.

»Vielleicht ist man eines Tages in der Lage, mit naturwissenschaftlichen Methoden sämtliche materiellen Vorgänge, die solche Ich-Aussagen über das eigene bewusste, seelische und geistige Leben begleiten, zu erfassen. Doch auch dann wäre möglicherweise die Besonderheit einer subjektiven Wahrnehmung, die ›Erste-Person-Perspektive‹, überhaupt noch nicht begriffen und schon gar nicht ad absurdum geführt.«

Es existieren Alternativen zum Substanz-Dualismus und zum eliminativen und reduktionistischen Naturalismus. Andere Theorien zur Natur des Mentalen (und Seelischen) betrachten die geistigen Vorgänge im Menschen als Epiphänomene, d. h. als Erscheinungen, die zwar durch die materiellen, naturwissenschaftlich erfassbaren Vorgänge verursacht werden, aber selbst keine Ursache für Beobachtbares sind, oder sprechen von einer Emergenz oder Supervenienz des Geistigen aus dem Physischen. Wieder andere Theorien propagieren einen Monismus (griech. *mónos:* einzig, allein; Gegensatz: Dualismus) unter Einbeziehung der geistigen Dimension als eines Aspekts der Natur des Menschen wie – möglicherweise – der Materie insgesamt. Wie auch immer man votiert: Es bleibt zu berücksichtigen, dass es bei diesen philosophischen Theorien stets um Deutungen empirischer Befunde geht. Es existiert kein Gegensatz zwischen Theologie und Neurowissenschaft als solcher, sondern es gibt theologischen Positionen zuwiderlaufende Interpretationen neurowissenschaftlicher Ergebnisse.

> »Es existiert kein Gegensatz zwischen Theologie und Neurowissenschaft als solcher, sondern es gibt theologischen Positionen zuwiderlaufende Interpretationen neurowissenschaftlicher Ergebnisse.«

3.3.2 Entsteht der Glaube im Gehirn?
Neurowissenschaften und religiöse Erfahrung

Neurophysiologische und kognitionspsychologische Studien untersuchen heute auch die religiösen Erfahrungen von Menschen. Was in derartigen Experimenten gemessen und untersucht wird und inwieweit solche Befunde relevant sind für das, was Glaube ist, verdeutlicht am besten ein Beispiel. 1999 veröffentlichten zwei Mediziner, Eugene d'Aquili (1940–1998) und Andrew Newberg (*1968), eine Studie, in der sie mithilfe der Einzelphotonen-Emmissions-Computertomographie eine Karte der physiologischen Aktivität der Gehirne von meditierenden buddhistischen Mönchen und betenden Franziskanerinnen erstellten. Diese Methode misst, einfach gesagt, die Blutzufuhr in aktive Gehirnregionen. Bei den buddhistischen Mönchen war eine charakteristische Abnahme der Aktivität im Parietallappen, der Gehirnregion, die primär für die räumliche Orientierung und Bewegung zuständig ist, sowie eine Zunahme der Aktivität in Arealen, in denen die Fähigkeit zu Aufmerksamkeit und Konzentration lokalisiert wird, zu beobachten. Auch bei den betenden Nonnen wurde eine Abnahme der Blutzufuhr in den Parietallappen gemessen, begleitet allerdings von einer Zunahme der Aktivität im Sprachzentrum, was nicht verwundert, wenn man unterstellt, dass die christliche Form des Gebets im Allgemeinen mehr an die sprachliche Form gebunden ist als die buddhistische Meditationstechnik. D'Aquili und Newberg folgerten aus ihren experimentellen Befunden, dass eine Zunahme des Blutstroms in bestimmte Gehirnareale einen Zustand des »absoluten Einsseins« (engl. *absolute unitary being*, AUB) generiere, in dem die Probanden jedes Gefühl räumlicher oder zeitlicher Begrenztheit verlören. Gleichzeitig sei das AUB begleitet von einer erhöhten Bewusstheit und einer Entgrenzung des Unterschieds zwischen »Selbst« und »Nicht-Selbst«, also von einem Gefühl der Einheit. Wenn die Stimulation dieser Gehirnregionen mit positiver Emotion einhergehe, so die Autoren, sei das AUB als Gotteserfahrung zu interpretieren, im Falle neutraler Emotion (so bei den Zen-Mönchen) als Erfahrung einer Einheit mit dem »Absoluten«, dem »Namenlosen« oder dem »Verwehen« (sanskr.

»D'Aquili und Newberg postulierten darüber hinaus, dass zwar die Gotteserfahrung im Gehirn generiert werde, Gott aber zugleich damit die materielle Realität erzeuge.«

nirvāṇa). Für die neue Wissenschaft von den physiologischen Grundlagen der religiösen Erfahrung etablierte sich der Begriff »Neurotheologie«. D'Aquili und Newberg postulierten darüber hinaus, dass zwar die Gotteserfahrung im Gehirn generiert werde, Gott aber zugleich damit die materielle Realität erzeuge. Ihre spezielle Interpretation der Neurotheologie integriere alle Arten religiöser Erfahrungen und bilde daher die ideale Basis für den interreligiösen Dialog.

Um diese Interpretation teilen zu können, wird man davon absehen müssen, dass bei der Ineinssetzung des »AUB« mit christlicher Gotteserfahrung und buddhistischer Suche nach der erlösenden Leerheit zwei höchst unterschiedliche religiöse Konzepte vermengt werden; der Buddhismus ist eine nicht-theistische Religion mit einem zyklischen Verständnis des Kosmos, während das Christentum einen personalen Gott als Schöpfer und Erhalter des Universums verkündet. Die Thesen von d'Aquili und Newberg bestätigen exemplarisch ein bereits aus den Kapiteln 3.1 und 3.2 bekanntes Problem, denn

> »Die Thesen von d'Aquili und Newberg überschreiten die Grenze von intersubjektiv überprüfbarer Folgerung aus empirischen Daten und metaphysischer Spekulation.«

auch sie überschreiten die Grenze von intersubjektiv überprüfbarer Folgerung aus empirischen Daten und metaphysischer Spekulation. Die Daten selbst zeigen nur, dass die von Probanden behaupteten Erfahrungen einer Gottesbegegnung oder eines All-Einheits-Erlebnisses mit physiologischen Gehirnzuständen einhergehen, die mit Konzentration, Motivation und positiven Emotionen verbunden sind. Die Frage, ob die Gehirnaktivität selbst die Quelle der (metaphysischen) religiösen Erfahrung ist, kann aus solchen Befunden schon kategorial nicht mit Ja oder Nein beantwortet werden. D'Aquili und Newberg interpretieren nun jedoch ihre Resultate, indem sie von der Realität Gottes ausgehen. In der Fluchtlinie eines solchen Arguments liegt letztlich der Versuch eines neurophysiologischen Gottesbeweises. Man kann aber bei der Interpretation der Daten mit gleichem Recht auch reduktionistisch argumentieren und so zu einer Negation gelangen: »Gotteserfahrung ist *nichts anderes als* eine Reizung bestimmter Gehirnareale.« Anders gewendet: Ein empirisch ermitteltes Bild neurologischer Aktivität im Gehirn eines meditierenden oder betenden Probanden kann keine Aussage über das transzendente Korrelat dieses Vorgangs machen. Man kann weder sagen, man habe den Ort Gottes im Gehirn sichtbar gemacht, noch dass das beobachtete Muster alles sei, »was von der Religion übrigbleibt«.

> »Ein empirisch ermitteltes Bild neurologischer Aktivität im Gehirn eines meditierenden oder betenden Probanden kann keine Aussage über das transzendente Korrelat dieses Vorgangs machen.«

Es lässt sich festhalten, dass mentale Zustände – und dazu zählen auch mystische Erfahrungen – natürlich mit neurochemischen Zuständen korrelieren. Alles andere wäre auch sehr verwunderlich. Wie sollte auch eine Alternative dazu aussehen? Die gegenwärtigen neurowissenschaftlichen Untersuchungen sind aber nicht geeignet, um Fragen nach dem »Grund« zu beantworten; darüber hinaus leiden ihre Argumentationen oft unter

Zirkelschlüssen, vor allem, wenn sie sich auf das Gebiet theologischer Schlussfolgerungen begeben. Um mögliche und unmögliche Interpretationen »neurotheologischer« Untersuchungen unterscheiden zu können, bedarf es wohl einer engeren Zusammenarbeit als bisher von Neurowissenschaftlern, Philosophen und Theologen.

3.3.3 Hat der Mensch einen freien Willen?

Teile der jüdisch-christlichen Tradition behaupten die Willensfreiheit des Menschen (vgl. z. B. Dtn 30,19f.). Unter Willensfreiheit wird hier nicht nur die Freiheit verstanden, innerhalb eines determinierten Weltlaufes das tun zu können, was man notwendig will, sondern die Freiheit des menschlichen Bewusstseins, in einer gegebenen Situation zwischen echten Alternativen entscheiden zu können. Das Motiv des zwischen Gut und Böse wählenden Menschen begegnet bereits im biblischen Sündenfall-Mythos (1Mose 3). Verneint man die Willensfreiheit, fällt die Verantwortung für das moralische Übel, also das von handelnden Menschen verursachte Böse in der Welt, letztlich auf Gott zurück, mit den entsprechenden Konsequenzen für die Theodizee, aber

> »Unter Willensfreiheit wird hier nicht nur die Freiheit verstanden, innerhalb eines determinierten Weltlaufes das tun zu können, was man notwendig will, sondern die Freiheit des menschlichen Bewusstseins, in einer gegebenen Situation zwischen echten Alternativen entscheiden zu können.«

auch für die Verantwortungsfähigkeit und Autonomie des Menschen.

Führende Vertreter der Hirnforschung (z. B. Gerhard Roth, Wolf Singer, Wolfgang Prinz) bestreiten den freien Willen mit Verweis auf die bisherigen Erkenntnisse der Neurowissenschaften. Ihre Auffassung lässt sich, mit Prinz, vereinfacht auf die Formel bringen: »Wir tun nicht, was wir wollen, sondern wir wollen, was wir tun« (Prinz, 2004: 22).

»Wir tun nicht, was wir wollen, sondern wir wollen, was wir tun.«

Seit den 1980er Jahren gibt es immer wieder hitzige Debatten um das Thema, und zwar nicht nur im Kontext religiösen Glaubens. So stellt sich z. B. die Frage, welche Konsequenzen es für unser Strafrecht hätte, wenn der Mensch nicht für seine Handlungen verantwortlich gemacht werden kann, weil er aufgrund des Fehlens eines freien Willens keine Wahl hatte, sondern durch seine leibliche Natur festgelegt ist (und dann auch keiner Besserung bzw. Erziehung fähig wäre).

Welcher Art die neurophysiologischen Experimente sind, auf die sich diese Schlussfolgerungen beziehen, möge das vielleicht bekannteste Beispiel verdeutlichen. 1979 bat der Physiologe Benjamin Libet (1916–2007) Probanden, zu irgendeinem von ihnen gewählten Zeitpunkt spontan die Hand zu bewegen. Der Zeitpunkt, zu dem sie die bewusste Entscheidung trafen, die Bewegung auszuführen, wurde von den Probanden mit Hilfe einer oszilloskopischen Uhr festgestellt. Gleichzeitig verfolgte Libet per Elektroenzephalographie, wann sich im motorischen Cortex der Großhirnrinde ein Bereitschaftspotenzial aufbaute, das die Handlung einleitete. Es zeigte sich, dass das Bereitschaftspotenzial bei spontanen

Bewegungen 550 ms, im Falle vorausgeplanter Handlungen bereits 1050 ms vor der Ausführung der Handlung aufgebaut, die bewusste Entscheidung dazu aber nur etwa 200 ms vor der Handbewegung notiert wurde, dass also die Vorbereitung der Bewegung im Gehirn der bewussten Entscheidung um wenigstens 350 ms voraus-lag. Die Folgerung liegt nahe, dass die Handlung

> »Es zeigte sich, dass das Bereitschaftspotenzial bei spontanen Bewegungen 550 ms, im Falle vorausgeplanter Handlungen bereits 1050 ms vor der Ausführung der Handlung aufgebaut, die bewusste Entscheidung dazu aber nur etwa 200 ms vor der Handbewegung notiert wurde.«

von unbewussten Gehirnprozessen verursacht wurde, bevor das Bewusstsein des Probanden eine Entscheidung gefällt hatte: Das Bewusstsein »will« also nur das, was wir ohnehin tun. Libet selbst entwickelte eine Variante der Deutung seiner Experimente. Seiner Ansicht nach biete die Zeitspanne von 200 ms zwischen der bewussten Willensentscheidung und der Ausführung genügend Zeit für das Bewusstsein, die unbewusst z. B. vom motorischen Cortex eingeleitete Handlungsoption zu ratifizieren oder abzulehnen. Damit votierte Libet für eine Art sekundärer Willensfreiheit, die darin

> »Damit votierte Libet für eine Art sekundärer Willensfreiheit, die darin besteht, dass das Bewusstsein gegebenenfalls ein ›Veto‹ gegen unbewusst getroffene Entscheidungen einlegen kann.«

besteht, dass das Bewusstsein gegebenenfalls ein »Veto« gegen unbewusst getroffene Entscheidungen einlegen kann (Libet, 2005: 179–199).

Es gibt aber auch grundsätzliche Kritik am Design von Libets Experimenten. So kritisieren z. B. der Neurobiologe

Maxwell R. Bennett und der Philosoph Peter Hacker, dass in Libets Versuchen der Drang bzw. die Absicht zu handeln mit einer Willensentscheidung gleichgesetzt werde. Nun gebe es aber sowohl unwillkürliche Handlungsabsichten (zum Beispiel ein durch einen Niesreiz ausgelöstes Niesen) sowie unbeabsichtigte, aber willkürliche Handlungen (zum Beispiel das Greifen eines Stifts mit der Absicht zu schreiben). In Libets Interpretation wird tatsächlich der spontane Drang zu handeln mit der bewussten Willensentscheidung gleichgesetzt.

Für unsere Fragestellung nach der theologischen Bedeutung neurowissenschaftlicher Empirie bleibt zweierlei festzuhalten. Zum einen sind die gegenwärtigen experimentellen Untersuchungen zu Bewusstseinsphänomenen bislang so disparat und deutungsbedürftig, dass man noch weit davon entfernt scheint, umfassende Theorien zur physiologischen Grundlage des menschlichen Geistes formulieren zu können. Zum anderen ist Vorsicht geboten, wenn es um die Interpretation experimenteller Befunde geht. Oft genug wird die kategoriale Grenze zwischen einer empirisch falsifizierbaren neurophysiologischen Theorie und einer »Philosophie des Geistes« als ihrer nicht-empirischen, metaphysischen Deutung überschritten, ohne dass die Autoren – bewusst oder unbewusst! – darauf hinweisen.

3.4 Sozialwissenschaften und Theologie

Während es umstritten ist, dass der Glaube und mit ihm die Theologie Erkenntnisse auf den Gebieten der Naturwissenschaften zu bieten hat, scheint dies auf den Gebieten, die von den Sozialwissenschaften (im weiten Sinn) untersucht werden, unumstritten zu sein. In einem modernen Verständnis ist Theologie eine Orientierungswissenschaft, in der das Orientierungspotenzial des Glaubens reflektiert und so das gemeinschaftliche und individuelle Leben im Lichte der symbolischen Orientierungen des Glaubens interpretiert und eben orientiert wird. Das individuelle und gemeinschaftliche Leben von Menschen wird wissenschaftlich in der Psychologie (wenn wir die Medizin einmal beiseitelassen) und in den Kultur- und Sozialwissenschaften (einschließlich der Wirtschaftswissenschaft) untersucht. Dabei entstehen eine Fülle von Erkenntnissen und Theorien, die wissenschaftlich begründet sind. So stellt sich die Frage, ob der Glaube (und mit ihm die Theologie) besser als die Kultur- und Sozialwissenschaften oder die Psychologie weiß, wie die Grundprinzipien menschlicher Existenz und menschlichen Zusammenlebens zu bestimmen sind. Wohnt dem Glauben eine besondere Einsicht inne, was Gerechtigkeit oder was Friede ist? Hat der Glaube eine bessere Erkenntnis als die Sozialwissenschaften darüber, wie sich Gerechtigkeit und Friede in der Welt (politisch, ökonomisch etc.) realisieren lassen?

> **»Hat der Glaube eine bessere Erkenntnis als die Sozialwissenschaften darüber, wie sich Gerechtigkeit und Friede in der Welt (politisch, ökonomisch etc.) realisieren lassen?«**

Verglichen mit dem Verhältnis des Glaubens zu den Naturwissenschaften gibt es im Verhältnis des Glaubens zu den Sozialwissenschaften einen großen und bedeutenden Unterschied: Während es zum Gebiet der Naturwissenschaften in der Heiligen Schrift nur wenige Texte gibt, wird das individuelle Leben und gemeinschaftliche Zusammenleben von Menschen in einer Fülle von biblischen Texten thematisiert.

»Freilich haben sich die individuellen Lebenskonzepte und die Sozialordnungen seit den biblischen Zeiten mehrfach zum Teil drastisch verändert.«

Freilich haben sich die individuellen Lebenskonzepte und die Sozialordnungen seit den biblischen Zeiten mehrfach zum Teil drastisch verändert. Dennoch wird einigen biblischen Texten eine gewissermaßen zeitlose orientierende Bedeutung zugeschrieben, wie z. B. den Zehn Geboten, der prophetischen Sozialkritik, der Bergpredigt oder den Gleichnissen Jesu. Gerade unter dieser Voraussetzung verschärft sich die Spannung zwischen den sozialethischen Einsichten des Glaubens und den Beiträgen der Sozialwissenschaften durch die Frage, warum man sich in der Gegenwart überhaupt an Texten aus längst vergangenen Zeiten orientieren sollte und nicht einfach gleich an den aktuellen Einsichten und Beiträgen aus den Sozialwissenschaften und ihren Vorschlägen, wie gegenwärtige Probleme vernünftig zu bearbeiten sind. Hier stellt sich die Frage nach einem Modell, mit dem das Verhältnis von Theologie bzw. Glaube und Sozialwissenschaften geklärt werden kann. Wie immer in den Wissenschaften steht dabei auch die Methode im Mittelpunkt und also die Frage, welche Bedeutung aus Sicht der Theologie bzw. des Glaubens die sozialwissenschaftlichen Verfahren haben. Oft scheint es so, als ob in der

Perspektive des Glaubens die Auffassungen und Urteile über das gegenwärtige individuelle und gemeinschaftliche Leben von einem gewissermaßen absoluten (d. h. von allem anderen losgelösten) Standpunkt aus gebildet und begründet werden. Dafür scheinen dann die Erkenntnisse der Sozialwissenschaften über das tatsächliche gegenwärtige Leben kaum eine Rolle zu spielen. So scheinen gerade in den Bereichen persönlicher Lebensführung, der Politik oder der Wirtschaft gewissermaßen zeitlose und normative Überzeugungen des Glaubens auf gegenwartsbezogene und empirisch erhobene Auffassungen, die sich eben auf eine sozialwissenschaftliche Expertise stützen können, zu prallen.

Allerdings ist dies überhaupt kein grundsätzlicher Gegensatz. Denn die sozialwissenschaftlichen Methoden sind der Theologie und insofern auch dem reflektierten Glauben keineswegs fremd. Dies gilt insgesamt für die sogenannte Empirie. Die Theologie insgesamt bedient sich verschiedener Methoden. Sie ist durch Methodenvielfalt gekennzeichnet. In der Exegese wird philologisch und historisch gearbeitet; in der Kirchengeschichte werden die historischen Methoden verwendet; in der Systematischen Theologie wird begriffsgeschichtlich, analytisch, hermeneutisch und konstruktiv verfahren; in der Praktischen Theologie werden die Methoden empirischer Forschung verwendet. In der Praktischen Theologie wurde die empirische Methodik bereits am Übergang vom 19. zum 20. Jahrhundert (vgl. P. G. Drews, *Das Problem der Praktischen Theologie. Zugleich ein Beitrag zur Reform des theologischen Stu-*

> **»Die sozialwissenschaftlichen Methoden sind der Theologie und insofern auch dem reflektierten Glauben keineswegs fremd.«**

diums, 1910), wenn nicht sogar schon hundert Jahre zuvor von Friedrich Schleiermacher eingeführt. Bei Schleiermacher wird die Aufmerksamkeit für die Empirie und für deren wissenschaftliche Untersuchung nirgends deutlicher als an seinem Vorschlag, in das methodisch vielfältige Studium der Theologie ein Fach »Statistik« aufzunehmen (vgl. F. Schleiermacher, *Kurze Darstellung des Theologischen Studiums [KD]*, vgl. auch: F. Schleiermacher, *Vorlesungen über die kirchliche Geographie und Statistik*). Das theologische Fach der kirchlichen Statistik hat Schleiermacher jedoch nicht der Praktischen Theologie, sondern der Historischen Theologie zugeordnet. Denn die Praktische Theologie ist auf Zukunft bezogen. Sie kann nicht sagen, was der Fall ist. Sie ist darauf bezogen, was werden soll. Im Blick auf die Zukunft sind jedoch wissenschaftlich keine Feststellungen möglich. Deshalb kann und soll die Praktische Theologie Kunstregeln formulieren, an denen sich die Handelnden in der Kirche in allen zukünftigen Fällen in freier Verantwortung orientieren können. Die kirchliche Statistik dient dagegen der Feststellung dessen, was der Fall ist. Deshalb gehört sie zur Historischen Theologie. Die Statistik soll helfen, den gegenwärtigen Zustand des Christentums zu untersuchen. Motiviert ist die kirchliche Statistik durch die Einsicht: »Daß man sich bei uns nur zu häufig auf die Kenntnis des Zustandes der evangelischen Kirche, ja nur des Teiles beschränkt, in welchem die eigene Wirksamkeit liegt, wirkt höchst nachteilig auf die kirchliche Praxis« (KD: § 243). Denn

»nichts begünstigt so sehr das Verharren bei dem Gewohnten und Hergebrachten, als die Unkenntnis fremder, aber doch verwandter Zustände. Und nichts bewirkt eine schroffere Einseitigkeit, als die Furcht, daß man anderwärts werde Gutes anerkennen müssen, was dem eigenen Kreise fehlt« (KD: § 243).

Deshalb folgt daraus die unerlässliche Forderung an jeden evangelischen Theologen,

> »eine allgemeine Kenntnis von dem Zustande der gesamten Christenheit in den hier angegebenen Hauptverhältnissen, nach Maßgabe, wie jeder Teil mit dem Kreise der eignen Wirksamkeit zusammenhängt« zu erlangen (KD § 244).

Statistik ist eine empirische Methode, die zu begründeten *generalisierenden* Aussagen über den gegenwärtigen Zustand des Christentums verhelfen soll, damit sich daran das praktisch-theologisch zu reflektierende Handeln der Kirche anschließen kann. Natürlich sieht Schleiermacher auch die Grenzen der Statistik für die Theologie. Mit Statistik und sozialwissenschaftlichen Methoden lässt sich noch keine theologische Erkenntnis formulieren und der Glaube in der Gegenwart nicht begreifen. Das Sammeln von Daten und Meinungen ist noch kein Beitrag zur Theologie. Wie dann später auch bei den sich im Laufe des 19. und 20. Jahrhunderts entwickelnden Sozialwissenschaften kommt es für Schleiermacher auf den rechten Gesichtspunkt an, von dem aus das gesammelte Material wahrgenommen, geordnet und interpretiert wird.

Zu einer Erkenntnis kann es an wissenschaftlich-empirisch ermittelten Daten nur kommen, wenn der Stand- und Gesichtspunkt genau bestimmt wird, von dem aus

> sich die Erkenntnis vollzieht. Das gesammelte Material ist theologisch nur brauchbar, wenn es in die Perspektive des Zwecks aller Theologie – der Leitung der Kirche – gerückt wird und vom Bezugspunkt aller Theologie – einem christlichen Leben – aus verstanden wird.

Fehlt ein solcher Stand- und Gesichtspunkt und verfährt eine Theologie überwiegend empirisch und statistisch, so verwandelt sich für Schleiermacher die Theologie in geistlose Empirie. Von Schleiermacher her gesehen ist eine (buchhalterische) Wissenschaft, die sich auf das Auflisten von Wahrnehmungen und Positionen beschränkt, das Ende jeglicher Wissenschaft. Dies gilt auch dann, wenn aus den ermittelten Listen eine generalisierende Beschreibung des Befundes formuliert wird – sei es in Form einer mathematischen Funktion oder in Form eines differenzierten Berichts. Nur durch ihren Zusammenhang mit dem Bezugsfeld und dem Zweck der Theologie insgesamt ist empirische Forschung in der Theologie sinnvoll und von Nutzen. Dies gilt im Übrigen auch für jede sozialwissenschaftliche und ökonomische Forschung. Die für einen sinnvollen Gebrauch der wissenschaftlich erfassten Empirie in der Theologie notwendigen Begriffe ergeben sich aus der Dogmatik und Religionsphilosophie. Ohne sie und ihre Begriffsbildung bliebe empirische Forschung blind.

Der Rückblick auf Schleiermacher macht deutlich, dass es zumindest methodisch keinen wirklichen Gegensatz der Theologie und der Sicht des Glaubens auf die Welt der Gegenwart zu den Sozialwissenschaften gibt. Allerdings kennt die Theologie – wie insgesamt der Glaube – nicht nur die sozialwissenschaftlichen Methoden, um zu ihren Erkenntnissen zu gelangen.

> Ein glaubender Mensch liest in der Regel nicht nur sozialwissenschaftliche Untersuchungen, um seine Welt zu verstehen. Und Kirchen formulieren ihre Stellungnahmen zu aktuellen Fragen in der Gesellschaft nicht nur auf der Basis sozialwissenschaftlicher Studien, sondern (hoffentlich) vor allem mit Bezug auf die Heilige Schrift und ihre eigene Lehrtradition.

Dabei wird deutlich, dass die Glaubenden, die Kirchen und die Theologie auch noch eine andere Art von Erkenntnis formulieren als die Sozialwissenschaften. Sozialwissenschaften bilden ihre Erkenntnisse, indem sie die von ihnen erhobenen Daten generalisieren. Wie oben ausgeführt, findet sich dieses Verfahren auch in der Theologie. Doch zugleich werden in der Theologie auch Erkenntnisse formuliert, indem idealisiert wird. Eine Idealisierung ist wiederum auch den Sozialwissenschaften nicht fremd. Auch sie verfahren – wie im Übrigen auch die Naturwissenschaften – teilweise idealisierend. Jedes naturwissenschaftliche Experiment ist eine idealisierende Vereinfachung. So ist beispielsweise ein Präparat, das verwendet wird, eine Idealisierung. Die empirische sozialwissenschaftliche Erfassung von Alltagserfahrungen verfährt in der »Versuchsanordnung« ebenfalls idealisierend. Insbesondere bei den Naturwissenschaften oder den technischen Wissenschaften kommt hinzu, dass die Ergebnisse mathematisch codiert werden. Dadurch werden diese Ergebnisse an den unmöglich realisierbaren Idealen der Mathematik orientiert. In den Sozialwissenschaften ist dies im Grunde nicht anders. Die wie auch immer formulierten Ergebnisse generalisieren die eventuell in großer Varianz aufgetretenen Phänomene. Die Generalisierung der Ergebnisse mindert jedoch die Differenziertheit der Wahrnehmung von differenzierten Phänomenen. Mancher fiktive Roman und manches biblische Gleichnis führt deshalb zu einer differenzierteren Wahrnehmung von Lebensphänomenen als ein auf empirischen Untersuchungen basierender Forschungsbericht. Deshalb ist von einer generalisierenden Erkenntnis eine idealisierende zu unterscheiden.

> »Mancher fiktive Roman und manches biblische Gleichnis führt deshalb zu einer differenzierteren Wahrnehmung von Lebensphänomenen als ein auf empirischen Untersuchungen basierender Forschungsbericht.«

Der Glaube artikuliert sich häufig in idealisierender Form. Dafür ist dann meistens die von den Sozialwissenschaften gebrauchte, empirisch geprägte Sprache zu abstrakt, zu wenig konkret und zu wenig differenziert.

Deshalb bedient sich der Glaube vielfältiger literarischer Sprachformen, die sich in der Theologie widerspiegeln. Um ein Beispiel in aller Kürze zu geben: In verschiedenen konfessionellen Traditionen und ihren Theologien wird in der Kirche der Himmel auf Erden gesehen. Freilich ist nach evangelischem Verständnis die Kirche der Himmel auf Erden nur dann, wenn sie das Evangelium so zu Geltung bringt, dass es Menschen *befreit* und Glauben in ihnen wirkt und d. h. Vertrauen auf die Zusagen und Verheißungen des dreieinigen Gottes. Geschieht dies, dann besteht allerdings kein Zweifel daran, dass die Kirche das himmlische Jerusalem *ist*; es also nicht nur erhofft und anstrebt. Wenn das Evangelium in Menschen, die sich zum Gottesdienst versammeln, Glauben und damit Freiheit wirkt, dann ist das Ziel erreicht, dann ist das Heil vollkommen realisiert; dann besteht vollkommene versöhnte Gemeinschaft von Gott und Mensch und darin impliziert auch der Menschen miteinander. Ein solches Kirchen- und Gottesdienstverständnis ist idealisierend. Unter empirischen Bedingungen werden sich davon die Kirchen und ihre Gottesdienste vermutlich immer unterscheiden. Mit sozialwissenschaftlichen, empirischen Methoden lässt sich dieses idealisierende Kirchen- und Gottesverständnis vermutlich nirgends in der kirchlichen Wirklichkeit als realisiert feststellen. Und doch ist ein solches ideales Kirchen- und Gottesdienstverständnis unentbehrlich. Es bietet eine differenzierte Vorstellung davon, was die Kirche und der Gottesdienst sind. Es orientiert und diszipliniert das faktische kirchliche Leben und Handeln und bewahrt es dadurch davor, zu einer reinen Religions- und Kultverwaltung zu degenerieren. Und es konfrontiert das faktische kirchliche und gottesdienstliche Leben mit seiner Wahrheit. Gerade durch diese Kritik bleibt das faktische kirchliche und gottesdienstliche Leben lebendig.

Das Zusammenspiel von sozialwissenschaftlich gewonnenen empirischen Erkenntnissen und idealisierenden

Einsichten des Glaubens findet sich nicht nur auf dem ureigenen Gebiet religiösen Lebens, sondern in allen Bereichen gegenwärtigen Lebens: seien es individuelle Lebensideale, seien es Paar- und Familienkonzeptionen, seien es Friedens- und Gerechtigkeitsvorstellungen in Politik und Ökonomie.

Literatur

Atkins, Peter W.: Schöpfung ohne Schöpfer: Was war vor dem Urknall?, Hamburg 1981.

Aus der Au, Christina (Hrsg.): Körper – Leib – Seele – Geist. Schlüsselbegriffe einer aktuellen Debatte, Zürich 2008.

Bellah, Robert N.: Religion in Human Evolution. From the Paleolithic to the Axial Age, Cambridge (Mass.) 2011.

Blackmore, Susan: Gespräche über Bewusstsein, Frankfurt 2012.

Blume, Michael: Neurotheologie – Hirnforscher erkunden den Glauben, Marburg 2009.

Ders.: Evolution und Gottesfrage. Charles Darwin als Theologe, Freiburg 2013.

Born, Max: Physik im Wandel meiner Zeit, Braunschweig [3]1959.

Burhoe, Ralph Wendell: War, Peace and Religion's Biocultural Evolution, Zygon 21, 1986.

Davies, Paul C. W.: Der Plan Gottes: Das Rätsel unserer Existenz und die Wissenschaft, Berlin [4]1996.

Faye, Hervé: Sur l'origine du monde: théories cosmogoniques des anciens et des modernes, Paris 1884.

Gribbin, John: Auf der Suche nach Schrödingers Katze: Quantenphysik und Wirklichkeit, München/Zürich [8]2010.

Guitton, Jean / Bogdanov, Grichka / Bogdanov, Igor: Gott und die Wissenschaft, München 1998.

Geyer, Christian (Hrsg.): Hirnforschung und Willensfreiheit. Zur Deutung der neuesten Experimente, Frankfurt 2004.

von Haeseler, Arndt / Liebers, Dorit: Molekulare Evolution, Frankfurt 2003.

Hawking, Stephen W.: Eine kurze Geschichte der Zeit. Auf der Suche nach der Urkraft unseres Universums, Reinbek 1991.

Heisenberg, Werner: Quantentheorie und Philosophie, Stuttgart 1986.

Ijjas, Anna: Der Alte mit dem Würfel. Ein Beitrag zur Metaphysik der Quantenmechanik, Göttingen 2011.

Kessler, Hans: Schöpfung und Evolution in neuer Sicht, Kevelaer 2011.

de Laplace, Pierre-Simon: Essai philosophique sur les probabilités, Courcier 1814.

Libet, Benjamin: Haben wir einen freien Willen?, in: Mind Time. Wie das Gehirn Bewusstsein produziert, Frankfurt am Main 2005.

Miller, Kenneth R.: Finding Darwin's God: A Scientist's Search for Common Ground between God and Evolution, New York 2007.

Monod, Jacques: Zufall und Notwendigkeit. Philosophische Fragen der modernen Biologie, München 1992.

Newberg, Andrew / d'Aquili, Eugene / Rause, Vince: Der gedachte Gott: Wie Glaube im Gehirn entsteht, München 2008.

Pauen, Michael: Grundprobleme der Philosophie des Geistes. Eine Einführung, Frankfurt [4]2005.

Petzoldt, Matthias (Hrsg.), Theologie im Gespräch mit empirischen Wissenschaften, Leipzig 2013.

Pius XII., Ansprache an die Päpstliche Akademie der Wissenschaften am 22.11.1951, online unter: http://www.vatican.va/holy_father/pius_xii/speeches/1951/documents/hf_p-xii_spe_19511122_di-serena_it.html).

Polkinghorne, John: Quantentheorie: Eine Einführung, Stuttgart 2011.

Prinz, Wolfgang: Der Mensch ist nicht frei. Ein Gespräch, in: Christian Geyer (Hrsg.), Hirnforschung und Willensfreiheit. Zur Deutung der neuesten Experimente, Frankfurt am Main 2004.

Schleiermacher, Friedrich: Kurze Darstellung des Theologischen Studiums (KD), KGA I,6, Berlin 1998.

Ders., Vorlesungen über die kirchliche Geographie und Statistik, KGA II,16, Berlin 2006.

Thompson, Richard / Held, Andreas: Das Gehirn: Von der Nervenzelle zur Verhaltenssteuerung, Heidelberg, Nachdruck der 3. Auflage 2001, 2010.

Weber, Thomas P.: Darwinismus, Frankfurt 2002.

4 Modelle zum Zusammenhang von Glaube und Wissenschaft

Auf die unterschiedlichen Modi, in denen Glaube und Theologie den Wissenschaften begegnen, wurde bereits in Kapitel 2 eingegangen. Ian Barbour unterscheidet vier Möglichkeiten, das Verhältnis von Religion und Naturwissenschaft zu bestimmen: Konflikt, Unabhängigkeit, Dialog und Integration (Barbour, [2]2006: 113–150; Barbour, 2010). Vom Konflikt zwischen Glaube und Naturwissenschaft sowie zwischen Theologie und anderen Wissenschaften war bereits die Rede. In den Auseinandersetzungen um das Kopernikanische Weltbild oder die Darwin'sche Evolutionstheorie spielte dabei u. a. die Auffassung eine Rolle, wonach die Bibel als inspirierte Quelle der göttlichen Offenbarung auch in Sachen des naturwissenschaftlichen Weltbildes als Norm zu gelten habe und nicht irren könne. Auf der anderen Seite beanspruchen Vertreter eines »wissenschaftlichen« Materialismus bzw. Naturalismus, mittels der (natur-)wissenschaftlichen Methode das Ganze der Wirklichkeit exklusiv erfassen zu können. Glaube und Theologie werden in solchen Konzeptionen bestenfalls auf einen Aspekt empirischer Einzelwissenschaften reduziert (»Religion ist *nichts als* …«). Dabei wird oft für die materialistische Interpretation wissenschaftlicher Ergebnisse der gleiche Grad an Wahrheitsfähigkeit wie für die Resultate empirischer Wissenschaft selbst vorausgesetzt und so selbst eine Metaphysik etabliert. Von den Spielarten dieser Weltanschauung war im Rahmen der Diskussion des Verhältnisses der Theologie zu den Einzelwissenschaften im Kapitel 3 die Rede. Im Folgenden sollen nun exemplarisch Modelle der Unabhängigkeit bzw. des Dialogs sowie der Integration der Disziplinen diskutiert werden.

4.1 Unabhängigkeit und Dialog

Ein Modell des Verhältnisses von Theologie und Naturwissenschaften geht aus von der berechtigten Koexistenz bei weitgehender methodischer bzw. inhaltlicher Unabhängigkeit der Disziplinen. So vergleicht der Hallenser Theologe Dirk Evers am Ende einer sorgfältigen Analyse der physikalischen Kosmologie aus theologischer Perspektive zunächst die aus seiner Sicht wesentlichen Charakteristika von Naturwissenschaften und Theologie. Die Naturwissenschaften untersuchen empirische, raumzeitliche Objekte bezüglich ihrer quantifizierbaren Eigenschaften. Sie reduzieren ihre Gegenstände, indem sie sich auf Messung und Beobachtung stützen und ihre Ergebnisse in mathematischen Formeln formulieren. Die Theologie hingegen weise weder »einen besonderen, empirisch ausgezeichneten Gegenstand noch eine spezifische Theorieform« auf (Evers, 2000: 394). Die Theologie orientiere sich am Offenbarungsgeschehen in der Anrede Gottes an den Menschen und biete als solche keine theoretische Erklärung, sondern eine praktische Orientierung *in* der Welt (vgl. Dalferth, 1999: 419–444, 427). Diese Differenzen bilden nach Evers Auffassung die Grund-

> »Ein Modell des Verhältnisses von Theologie und Naturwissenschaften geht aus von der berechtigten Koexistenz bei weitgehender methodischer bzw. inhaltlicher Unabhängigkeit der Disziplinen.«

lage eines Dialogs zwischen den Wissenschaften, der für beide Disziplinen fruchtbar werden kann. Die Theologie kann durch die Auseinandersetzung mit der Methodik und Epistemologie der Naturwissenschaften die »Tatsachenkonformität« ihrer eigenen Anthropologie und Gotteslehre überprüfen, aber auch neue Formen dafür finden. Die Theologie kann ihrerseits den Naturwissenschaften dabei helfen, ungerechtfertigte Ansprüche einer umfassenden Weltdeutung zurückzuweisen. Ziel dieses Dialogs sei es hingegen nicht, eine Metaphysik zu formulieren, in die Theologie und Naturwissenschaften integriert sind und die dann folglich eine totale Deutungskompetenz beanspruchen könnte. Evers stimmt darin mit dem katholischen Theologen Karl Rahner überein, der von »einer zugelassenen und durchgetragenen Koexistenz von gleichzeitigen Überzeugungen im selben Subjekt, bei denen eine *positive* und einsichtige Synthese nicht oder noch nicht erreicht ist« (Rawer/Rahner, 1981: 35 f.) spricht.

Stärker noch als Rahner und Evers betont Hans-Dieter Mutschler die Verschiedenheit in Methode und Perspektive von Physik und Religion. Seiner Ansicht nach zeige Evers' Untersuchung deutlich, dass Physik und Religion »direkt nichts miteinander zu tun haben« (Mutschler, 2005: 268). Was integrative Modelle angeht, so geht Mutschler davon aus, dass eine spezielle Metaphysik und Hermeneutik der

> »Die Theologie kann durch die Auseinandersetzung mit der Methodik und Epistemologie der Naturwissenschaften die ›Tatsachenkonformität‹ ihrer eigenen Anthropologie und Gotteslehre überprüfen, aber auch neue Formen dafür finden. Die Theologie kann ihrerseits den Naturwissenschaften dabei helfen, ungerechtfertigte Ansprüche einer umfassenden Weltdeutung zurückzuweisen.«

Physik nicht bei theologischen Implikationen landen könne. Die einzige Möglichkeit einer Integration besteht für Mutschler in einer beide Sichtweisen umfassenden allgemeinen Metaphysik (*metaphysica generalis*), die er aber für nahezu undurchführbar hält. Mutschler verweist neben derartigen universalen Entwürfen noch auf die partielle Nähe zwischen Physik und Theologie, die sich in Form von Analogien äußert. Eine solche Analogie wäre beispielsweise das quantenmechanische Komplementaritätsprinzip, das man auf unterschiedliche Weise theologisch fruchtbar machen könnte, z. B. im Hinblick auf die Trinitätslehre. Mutschler zufolge finden wir uns hier aber am »Übergang von der Physik zur Poesie« (Mutschler, 2005: 271).

»Die einzige Möglichkeit einer Integration besteht für Mutschler in einer beide Sichtweisen umfassenden allgemeinen Metaphysik (*metaphysica generalis*), die er aber für nahezu undurchführbar hält.«

4.2 Beispiele der metaphysischen Integration von Glaube und Wissenschaft

Es gibt Versuche, die von Mutschler angesprochene »umfassende« oder »allgemeine« Metaphysik zu realisieren. Viele derartige metaphysische Entwürfe zielen darauf ab, an die Stelle des klassischen Theismus, der Gott als ein unwandelbares, allmächtiges, allwissendes, bisweilen als den Weltlauf determinierendes Wesen auffasst, ein anderes Gottesbild zu setzen, das Elemente der Unbestimmtheit, der Entwicklung und der Interaktion Gottes mit der Schöpfung ermöglicht. An den Begriffen wird bereits deutlich, dass in solchen Modellen terminologische Anleihen bei naturwissenschaftlichen Theorien, z. B. der Kosmologie, Quanten- und Evolutionstheorie, gemacht werden.

In den Ausführungen über die Quantentheorie wurde angedeutet, dass ein mit der physikalischen Theorie vereinbarer Weg, das Wirken Gottes in der Welt zu denken, darin bestehen könnte, Gott als denjenigen anzunehmen, der bei der Beobachtung die Potenzialität eines Quantensystems in ein positives Ergebnis wandelt (Gott als »verborgene Variable«, vgl. Kap. 3.2.2). Bei dieser Form göttlicher Intervention wäre schon aufgrund physikalischer Prinzipien kein externer Energietransfer nötig. Andere Entwürfe einer solchen »Theologie der Natur«, wie der von John Polkinghorne (*1930), entlehnen ihre Grundgedanken aus der Chaostheorie (vgl. z. B. *Reason and Reality*, 1991). Diese beschäftigt sich mit den starken, nicht exakt berechenbaren Auswirkungen, die sehr kleine Änderungen in den Anfangsbedingungen bei komplexen dynamischen Systemen haben können (das plakativste und bekannteste Beispiel ist der Flügelschlag des Schmetterlings, der schließlich einen Orkan hervorruft). Polkinghorne nutzt diesen »Freiraum«, um Gott durch derartige unendlich kleine (und daher nicht messbare) Störungen zum Übermittler von Information im ansonsten zufälligen Schöpfungsprozess zu machen. Auf diese Weise könne Gott in einem kontinuierlichen Schöpfungsprozess Strukturen höherer Ordnung erzeugen. Gott ist für Polkinghorne der tiefere Grund dafür, dass die Welt der

> »Viele derartige metaphysische Entwürfe zielen darauf ab, an die Stelle des klassischen Theismus ein anderes Gottesbild zu setzen, das Elemente der Unbestimmtheit, der Entwicklung und der Interaktion Gottes mit der Schöpfung ermöglicht.«

menschlichen Vernunft überhaupt zugänglich ist. Die Vorstellung von Gott als Informationsübermittler bemüht auch Arthur R. Peacocke (1924–2006) (vgl. z. B. *Theology for a Scientific Age*, 1993). In seiner Konzeption folgt Gott bei der Schöpfung keinem detaillierten Plan, sondern übermittelt Intentionen (Absichten). Peacocke benutzt u. a. das Motiv des Choreographen oder Komponisten, um das kontinuierliche Handeln Gottes in der Schöpfung zu beschreiben. Im Unterschied zu Polkinghorne oder dem Modell von Gott als »verborgener Variable« im Rahmen der Quantentheorie lässt Peacockes Modell das Wirken Gottes auf unterschiedlichen Ebenen des Seins zu, nicht nur auf der untersten der Elementarteilchen.

»Gott ist für Polkinghorne der tiefere Grund dafür, dass die Welt der menschlichen Vernunft überhaupt zugänglich ist.«

Elemente all solcher Vorstellungen vereinigt die sogenannte Prozesstheologie (vgl. John B. Cobb/David Griffin, *Prozess-Theologie. Eine einführende Darstellung*; Charles Hartshorne, *The Divine Relativity. A Social Conception of God*). Die Bezeichnung hat ihren Ursprung in der Prozessphilosophie des Mathematikers und Philosophen Alfred N. Whitehead (1861–1947), deren Grundzug darin besteht, die traditionelle Substanz-Ontologie durch eine Metaphysik der Vorgänge und Ereignisse zu ersetzen (vgl. Alfred N. Whitehead, *Wie entsteht Religion?*). Die Prozesstheologie betrachtet im Gegensatz zum unwandelbaren, allmächtigen Gotteskonzept des Theis-

»Peacocke benutzt u. a. das Motiv des Choreographen oder Komponisten, um das kontinuierliche Handeln Gottes in der Schöpfung zu beschreiben.«

mus Gott selbst als dynamisches, mit der Schöpfung interagierendes Wesen. Gott ist eine Person, die mit anderen, geschaffenen Individuen wechselwirkt, deren freier Wille Intentionen und absichtsvolles Handeln hervorbringt. Die Prozesse, die diese komplexe Interaktion hervorruft, sind von Gott nicht determiniert und ermöglichen Zufall und Entwicklung. Die Schöpfung ist einem sozialen Prozess analog; nach einem Bild von Charles Hartshorne ist die Wechselwirkung zwischen Gott und Welt vergleichbar der Art und Weise, wie Geist und Körper des Menschen interagieren. Das Universum ist Teil Gottes, aber nicht mit Gott identisch (Panentheismus, griech. *pân en theô*: das All in Gott). Prozesstheologische Entwürfe liefern, indem sie die Macht Gottes beschränken, Argumente für die menschliche Willensfreiheit und eine mögliche Antwort auf die Theodizeefrage. Sie sind vereinbar mit naturwissenschaftlichen Konzepten wie der Quanten- und Evolutionstheorie. Der Preis dafür ist eine Unterbetonung der Transzendenz Gottes. Aus christlicher Perspektive kann man zudem die Frage stellen, ob die Prozesstheologie sich nicht zu weit von den Traditionen des christlichen Glaubens entfernt.

Ein grundsätzliches Problem umfassender metaphysischer Systeme, die Glaubensaussagen wie »Gott ist Schöpfer und Erhalter der Welt« mit Erkenntnissen der Naturwissenschaften vereinen, besteht darin, dass Theorien wie z. B. die

> »Die Prozesstheologie betrachtet im Gegensatz zum unwandelbaren, allmächtigen Gotteskonzept des Theismus Gott selbst als dynamisches, mit der Schöpfung interagierendes Wesen.«

> »Das Universum ist Teil Gottes, aber nicht mit Gott identisch.«

Quantenmechanik oder die synthetische Evolutionstheorie kein teleologisches – zielgerichtetes – Moment aufweisen.

> **»Die Zielgerichtetheit ist kein Kennzeichen der modernen naturwissenschaftlichen Theorien selbst, die meist methodisch reduktiv und unter Absehung von Zweckursachen arbeiten.«**

Es war u. a. der Verzicht auf die Zweckursache, mit dem Galilei die moderne Naturwissenschaft ein großes Stück voranbrachte. Teilchen folgen Kraftfeldern, Wellenfunktionen wechselwirken mit anderen Wellenfunktionen, auch Mutationen entstehen durch Wechselwirkung von Materiewellen, aber sie verfolgen keine Ziele. Die Zielgerichtetheit ist kein Kennzeichen der modernen naturwissenschaftlichen Theorien selbst, die meist methodisch reduktiv und unter Absehung von Zweckursachen arbeiten.

Physik, Biologie oder Neurophysiologie implizieren an sich keine Metaphysik und damit auch keine Theologie. Metaphysische Konzepte und umfassende »Theologien der Natur« sind, wie in den vorangegangenen Kapiteln an Einzelbeispielen deutlich geworden ist, immer nur Interpretationen naturwissenschaftlicher Theorien. Dies trifft aber auch auf konkurrierende Weltdeutungen zu, z. B. auf solche, die einen reduktiven, materialistischen Monismus vertreten (i. S. v. »nur Materie ist real«). Wenn damit gesagt ist, dass umfassende Theorien zum Zusammenhang von Theologie und Naturwissenschaften stets Spekulation bleiben, muss aber auch hinzugefügt werden, dass es sich dabei um notwendige Spekulation handelt, weil es vermutlich immer Menschen geben wird, die eine integrative Theorie zur Deutung des eigenen Daseins und seines Ortes in der Welt favorisieren.

Literatur

Barbour, Ian G.: Naturwissenschaft trifft Religion: Gegner, Fremde, Partner?, Göttingen 2010.

Ders.: Wissenschaft und Glaube. Historische und zeitgenössische Aspekte, Göttingen ²2006.

Cobb, John B. / Griffin, David: Prozess-Theologie. Eine einführende Darstellung, Göttingen 1979.

Dalferth, Ingolf U.: Schöpfung – Stil der Welt, Freiburger Zeitschrift für Philosophie und Theologie 46 (1999).

Evers, Dirk: Raum – Materie – Zeit. Schöpfungstheologie im Dialog mit naturwissenschaftlicher Kosmologie, Tübingen 2000.

Guitton, Jean / Bogdanov, Grichka / Bogdanov, Igor: Gott und die Wissenschaft, München 1998.

Hartshorne, Charles: The Divine Relativity. A Social Conception of God, New Haven 1948.

Küng, Hans: Der Anfang aller Dinge. Naturwissenschaft und Religion, München / Zürich 2005.

Mutschler, Hans-Dieter: Physik und Religion. Perspektiven und Grenzen eines Dialogs, Darmstadt 2005.

Rawer, Karl / Rahner, Karl: Weltall – Erde – Mensch, in: Franz Böckle (Hrsg.), Christlicher Glaube in moderner Gesellschaft, Bd. 3, Freiburg 1981.

Schwarz, Hans: 400 Jahre Streit um die Wahrheit – Theologie und Naturwissenschaft, Göttingen 2012.

Whitehead, Alfred N.: Wie entsteht Religion?, Frankfurt 1985.

5 Wissenschaftskritik des Glaubens und wissenschaftliche Kritik am Glauben

Das Verhältnis von Glaube und Wissenschaft war und ist in der christlichen Tradition überwiegend vom Dialog, aber auch von wechselseitiger Kritik geprägt.

Der Glaube war im Laufe der Moderne immer wieder Gegenstand der Kritik von einem wissenschaftlichen Standpunkt aus, der sich dann gerne als »aufgeklärt« bezeichnete. Diese Kritik galt und gilt Religionen insbesondere dann, wenn sie von traditionsorientierten religiösen Weltbildern, Gesellschaftsvorstellungen und Lebenskonzeptionen dominiert sind und sich so in sich selbst gegenüber den gesellschaftlichen, kulturellen und auch wissenschaftlichen Entwicklungen verschließen.

Dabei ist es häufig zu einem Missbrauch der Wissenschaft gekommen, in deren Namen der Glaube als überholt, weltfremd und gesellschaftlich restaurativ kritisiert wurde. Gerade in den ideologischen Gesellschafts- und Bildungssystemen des 20. Jahrhunderts wurde ein angebliches wissenschaftliches Weltbild propagiert und die Christen als Leute von gestern betrachtet, die an einem überholten Weltbild festhalten, weil sie zu naiv und zu dumm sind, um das wissenschaftliche Weltbild zu verstehen. Schon seit längerem hat sich hier freilich nicht nur wegen des fehlenden Respekts gegenüber religiösen Lebensentwürfen die Beurteilung umgekehrt: das sogenannte wissenschaftliche Weltbild beansprucht mehr an Lebensdeutung und Lebensorientierung, als es die Wissenschaften leisten können, und erscheint so umgekehrt als Ausdruck von Halbbildung und ideologischen Vorurteilen.

> **»Das sogenannte wissenschaftliche Weltbild beansprucht mehr an Lebensdeutung und Lebensorientierung, als es die Wissenschaften leisten können, und erscheint so umgekehrt als Ausdruck von Halbbildung und ideologischen Vorurteilen.«**

Die Religionskritik in der Epoche der Aufklärung richtete sich zum Beispiel nicht gegen den Glauben und die Religion, sondern vor allem gegen eine selbstherrliche und machtbewusste Kirche, gegen die dann auch die Wissenschaft aufgeboten wurde. Dass dies nicht grundsätzlich gegen den Glauben und gegen jegliche Religion gerichtet war, zeigt sich unter anderem daran, dass in dieser geschichtlichen Epoche zugleich ein hohes Interesse an, ja, fast eine Faszination für die Religionen in den Erdteilen bestand, die zu dieser Zeit von Europa aus neu erkundet wurden. Von Seiten der Religionskritik wurde dann über die Jahrhunderte seit dem 17. Jahrhundert immer wieder versucht, den wissenschaftlichen Geist gegen den religiösen Geist und den Glauben in Stellung zu bringen.

Zugespitzt hat diese Konfrontation der modernen, wissenschaftlich aufgeklärten Welt gegenüber dem Glauben Rudolf Bultmann in seiner programmatischen Schrift »Neues Testament und Mythologie« 1941 zum Ausdruck gebracht:

»Man kann nicht elektrisches Licht und Radioapparat benutzen, in Krankheitsfällen moderne medizinische und klinische Mittel in Anspruch nehmen und gleichzeitig an die Geister- und Wunderwelt des Neuen Testaments glauben« (Bultmann, 1988: 16).

Die wissenschaftliche und technische Welt der Moderne scheint das Weltbild der biblischen Texte infrage zu stellen, ja, es als überholt zu erweisen, wenn es nicht als mythisches Weltbild beurteilt und entsprechend entmythologisierend interpretiert wird.

Die christliche Theologie, insbesondere die evangelische Theologie, hat jedoch schon früh auf diese Herausforderung reagiert und wiederum bereits in der Epoche der Aufklärung – in Deutschland spätestens im 18. Jahrhundert – begonnen, die biblischen Texte historisch-kritisch auszulegen. Das von Martin Luther stark gemachte Schriftprinzip hatte im 16. Jahrhundert dazu geführt, dass in den reformatorischen Kirchen die Heilige Schrift als Quelle und Norm aller Erkenntnisse des Glaubens und der Lehre der Kirche verstanden wurde. Im Laufe der Epoche der Aufklärung kommt die Einsicht hinzu, dass die Heilige Schrift nicht nur eine Quelle für die Lehre der Kirche und für das Leben der Glaubenden ist, sondern auch für das historische Bewusstsein. Die Heilige Schrift als Quelle führt das historische Bewusstsein »zur Vergangenheit zurück«.

»Hat die Quelle im alltäglichen, lebensmäßigen Sinne das natürliche Gefälle nach vorn, sozusagen auf ihre Hinkunft, indem sie zum Genießen dessen einlädt, was aus ihr lebendig hervorquillt, so fordert die Quelle im historischen Sinne dazu heraus, nicht einfach zu empfangen, was sie von sich aus hergibt, sondern ihr

Auskünfte abzunötigen, die ihre eigene Herkunft betreffen. Während der unmittelbare lebensmäßige Umgang mit einer Quelle vom Vertrauen in den Lebenszusammenhang getragen wird, ist für den historischen Umgang mit Quellen bis zu einem gewissen Grade das Mißtrauen bestimmend, daß die Quelle trügt, jedenfalls möglicherweise verschweigt, was man von ihr historisch erfahren möchte. Die Quelle wird in diesem Fall weithin gegen ihre eigene Aussagenintention benutzt, … weil man Aufschluß über die historische Wirklichkeit sucht, die hinter dem Text steht und der er entstammt« (Ebeling, 1979: 39).

Es gehört zum modernen theologischen Problembewusstsein, dass die Bibel auch als historische Quelle existiert und zu behandeln ist. Theologisches Erkennen ist nur möglich in der Spannung zum historischen Erkennen. An diesem Punkt kam und kommt es immer wieder zu Konflikten zwischen den exegetischen Ergebnissen der wissenschaftlichen Theologie und dem Glauben frommer Christen,

> **»Theologisches Erkennen ist nur möglich in der Spannung zum historischen Erkennen.«**

die in der Regel jedoch für beide Seiten produktiv waren und sind. Heute hat sich überwiegend die Einsicht durchgesetzt, dass gerade das Vertrauen verdient, was durch die historisch-kritische Methode hindurch von der Heiligen Schrift als Ursprungsquelle her heute als Wahrheit interpretiert werden kann, wenn die Heilige Schrift auch als historische Quelle gelesen und also historisch-kritisch untersucht wird.

> **»Kritik an den Wissenschaften aus der Sicht des Glaubens.«**

Es gab und gibt nun jedoch nicht nur eine Kritik am Glauben aus der Sicht der Wissenschaft, sondern umgekehrt auch eine Kritik an den Wissenschaften aus der Sicht des Glaubens. Diese Kritik an den Wissenschaften aus der Sicht des Glaubens deckt sich oft mit der Selbstkritik innerhalb der Wissenschaften. In einem Aufsatz über »naturwissenschaftliche und religiöse Wahrheit«, in dem er sich mit dem Konflikt zwischen Religion und Wissenschaft am Beispiel Galileis beschäftigte, erinnerte der berühmte Physiker Werner Heisenberg daran, wie Bertolt Brecht in seinem »Galilei« einen Mönch sagen lässt: »Das Dekret gegen Kopernikus hat mir die Gefahren aufgedeckt, die ein allzu hemmungsloses Forschen für die Menschheit mit sich bringt« – und Heisenberg fügte hinzu: »Wir haben inzwischen gelernt, wie groß die Gefahren sind« (Heisenberg, [2]1973: 348).

Heisenberg hatte dabei vor allem die Gefahren im Blick, die aus den Ergebnissen der Atomphysik und deren technischer Verwertung entstanden sind. Es waren nach dem Zweiten Weltkrieg Atomphysiker selbst, von denen die Frage nach den Grenzen wissenschaftlicher Forschung aufgeworfen wurde, weil die Verwendung der wissenschaftlichen Erkenntnisse, z. B. in der Atombombe, für sie ethisch nicht mehr verantwortbar war und deshalb die Frage entstand, ob aus ethischer Verantwortung Wissenschaftler ihre Forschung so begrenzen sollten, dass sie die möglichen Folgen in der Verwendung ihrer Resultate mit verantworten könnten.

Heisenberg sah einen Teil dieses Problems darin, dass sich die Naturwissenschaften in ihrer Sprache von der Sprache der Religion und Ethik ganz abgesondert haben und insofern auch von den religiösen und ethischen Diskursen und ihrer Wahrheitsfrage.

Nach Heisenberg handelt es sich

»bei den Bildern und Gleichnissen der Religion um eine Art Sprache …, die eine Verständigung ermöglicht über den hinter den Erscheinungen spürbaren Zusammenhang der Welt, ohne den wir keine Ethik und keine Wertskala gewinnen könnten. … Diese Sprache ist der Sprache der Dichtung näher verwandt als jener der auf Präzision ausgerichteten Naturwissenschaft. Daher bedeuten die Wörter beider Sprachen oft etwas Verschiedenes. Der Himmel, von dem in der Bibel die Rede ist, hat wenig zu tun mit jenem Himmel, in den wir Flugzeuge oder Raketen aufsteigen lassen. Im astronomischen Universum ist die Erde nur ein winziges Staubkörnchen in einem der unzähligen Milchstraßensysteme, für uns aber ist sie die Mitte der Welt – sie ist wirklich die Mitte der Welt. … Da wir nicht mehr die Welt der unmittelbaren Erfahrungen zum Gegenstand der Forschung gemacht haben, sondern eine Welt, in die wir nur mit den Mitteln moderner Technik eindringen können, reicht die Sprache des täglichen Lebens hier nicht mehr aus. Es gelingt uns zwar schließlich, diese Welt zu verstehen, indem wir ihre Ordnungsstrukturen in mathematischen Formeln darstellen; aber wenn wir über sie sprechen wollen, müssen wir uns mit Bildern und Gleichnissen begnügen, fast wie in der religiösen Sprache« (Heisenberg, [2]1973: 348f.).

An dem Schöpfungsbericht in 1Mose 1 lässt sich dies schön verdeutlichen.

1Mose 1 bietet ein einfaches Bild der Welt, wie jedermann sie sieht: am Himmel Sonne, Mond und Sterne; auf der Erde das Meer und das Festland mit seinen Pflanzen, dazu die Tiere in der Luft, im Wasser und auf dem Land, und schließlich der Mensch, dem das alles zugutekommt. In den Naturwissenschaften entsteht dagegen ein Bild von der Wirklichkeit, in dem die von uns wahrgenommene Welt verfremdet ist. Niemand bekommt die Natur so zu Gesicht, wie sie in den Naturwissenschaften dargestellt und erklärt wird.

Die grundsätzliche Frage nach den Grenzen naturwissenschaftlicher Forschung und nach der Verantwortung des Naturwissenschaftlers (vgl. Max Born, *Von der Verantwortung des Naturwissenschaftlers*) ist in den Jahrzehnten nach dem Zweiten Weltkrieg von einer ganzen Reihe von Wissenschaftlern, aber auch in Kirche und Theologie aufgeworfen worden. In dessen Folgen hat sich eine eigene wissenschaftliche Disziplin etabliert, die sich mit der Technologiefolgenabschätzung befasst. Überwiegend hat sich in diesen Diskussionen die Auffassung durchgesetzt, dass aus der Möglichkeit einer lebensfeindlichen Verwendung wissenschaftlicher Erkenntnisse

»Der lebensfeindlichen Verwendung neuer wissenschaftlicher Erkenntnisse stehen meist Möglichkeiten höchst nützlicher Verwendungen gegenüber.«

(wie der Entdeckung der Uranspaltung durch Otto Hahn und ihrer Verwendung in den Atombomben von Hiroshima und Nagasaki) keineswegs folgen kann, die wissenschaftliche Forschung von vornherein zu begrenzen. Denn der lebensfeindlichen Verwendung neuer wissenschaftlicher Erkenntnisse stehen meist Möglichkeiten höchst nützlicher Verwendungen gegenüber. Dies gilt auch im Falle der Uranspaltung und Atomforschung, wenn man z. B. an die Verwendung radioaktiver Elemente in der Medizin denkt. Die Frage der Verwendung wissenschaftlicher Erkenntnisse ist dann nicht nur eine Frage der technischen Machbarkeit, sondern vor allem der ethischen, politischen und kulturellen Verantwortung. Es ist keineswegs so, dass mit der naturwissenschaftlichen Erkenntnis auch bereits die Frage der Verantwortung für ihren lebensdienlichen Gebrauch geklärt ist. Dafür bedarf es nochmals eines

> **»Es ist keineswegs so, dass mit der naturwissenschaftlichen Erkenntnis auch bereits die Frage der Verantwortung für ihren lebensdienlichen Gebrauch geklärt ist.«**

ganz eigenen Nachdenkens, zu dem der Glaube und die religiösen Traditionen viel beitragen können. Carl Friedrich von Weizsäcker hat auf die politische Rolle der Naturwissenschaft in unserer Kultur hingewiesen (von Weizsäcker, 1977: 101 ff.) und dies wiederum an den Resultaten der von Hahn 1939 entdeckten Kernspaltung verdeutlicht. Er weist darauf hin, dass »die Machtsteigerung durch die Naturwissenschaft die Menschheit in eine der tiefsten Krisen ihrer Geschichte geführt« (von Weizsäcker, 1977: 102) hat. Und er betont, dass

> **»Die Machtsteigerung durch die Naturwissenschaft hat die Menschheit in eine der tiefsten Krisen ihrer Geschichte geführt.«**

wir »die Machtmittel der modernen Technik nicht ertragen« werden »ohne die Schaffung einer politischen Struktur, welche diese Macht vernünftig einzubinden gestattet« (von Weizsäcker, 1977: 103).

Ein Resultat der gesamten wissenschafts- und technik-
kritischen Diskussion nach dem Zweiten Weltkrieg war das
Buch von Hans Jonas *Das Prinzip Verantwortung. Versuch
einer Ethik für die technologische Zivilisation.* An dieser
Diskussion haben sich auch die Kirchen und Theologen be-
teiligt. In gewisser Weise hat die wissenschafts- und technik-
kritische Reflexion gerade bei Theologen und in kirchlichen
Akademien eine neue Beheimatung gefunden, nachdem sie
heute in den naturwissenschaftlichen und technischen Wissenschaften kaum mehr betrieben wird. So wird beispielsweise gerade von Theologen kritisch gefragt, ob ein medizi-
nischer Fortschritt automatisch
auch ein moralischer und huma-
ner Fortschritt ist oder ob wissenschaftliche Erkenntnisse und
ihre technische Verarbeitung
wirklich der Freiheit des Menschen zugutekommen oder ganz
im Gegenteil den Menschen der
Technik unterordnen. Vonseiten
der Kirche werden neue Entwicklungen in Wissenschaft und
Technik aus der Sicht der Marginalisierten, von Frauen, Be-
hinderten oder indigener Völker gesichtet und beurteilt:

> **»Vonseiten der Kirche werden neue Entwicklungen in Wissenschaft und Technik aus der Sicht der Marginalisierten, von Frauen, Behinderten oder indigener Völker gesichtet und beurteilt.«**

»Das Dokument vertritt seine Sache nicht von einer angeblich
neutralen und objektiven Position aus, sondern beginnt vielmehr mit den Geschichten und Stimmen von kleinen Bauern,
von Eingeborenen, von Frauen und Menschen mit Behinderungen. Kleine Bauern und Eingeborene teilen nicht die Annahmen
der Befürworter von genetisch veränderten Samen und Früch-
ten. Sie fordern vielmehr die weitere Öffentlichkeit heraus, die

Behauptungen und Verheißungen in diesem Zusammenhang sehr sorgfältig zu prüfen und aufmerksam gegenüber Ansprüchen von Macht, Profit und Kontrolle zu bleiben. Eingeborene Völker kämpfen in einigen Teilen der Welt für die Verteidigung ihrer genetischen Daten, die eine höchst wertvolle Ressource für die Entwicklung neuer Arzneimittel und Therapien geworden sind. Menschen mit Behinderungen stellen das Ideal des medizinisch verwalteten Menschen in Frage, um den es vielfach in der Diskussion über die Humangenetik geht. Manche Frauen warnen davor, dass ihre Körper in eine ökonomische Ressource verwandelt werden. Diese und weitere Gruppen mahnen die Öffentlichkeit, nicht für garantiert zu nehmen, sondern immer wieder die Argumente für die Gentechnik in Frage zu stellen, die normalerweise den Kontext von Gesellschaften widerspiegeln, die bestens in die globale Ökonomie integriert sind und dem modernen Forschrittsparadigma verpflichtet sind. Genau deshalb werden die Stimmen und Erfahrungen der oben genannten Menschen marginalisiert und vom Diskurs ausgeschlossen« (vgl. z. B. Transforming Life, 2005: 7).

Im ersten Band von »Transforming Life« hatte dieselbe Arbeitsgruppe des Weltkirchenrats sich mit den neuesten technologischen Entwicklungen in der Nanophysik und -technologie, der Biotechnologie, der Informationstechnologie und der Neurowissenschaft sowie der Verknüpfung dieser Wissenschaften und Technologien auseinandergesetzt (Transforming Life. Vol. I, 2005). Diese Publikation beansprucht, die Herausforderungen für Glaubende zu formulieren, die durch neu aufkommenden Wissenschaften und Technologien entstehen.

»Es ist wichtig, dass wir den Wechsel von der Wissenschaft und Technologie als Instrumente und Werkzeuge der menschlichen

Entwicklung hin zu einem komplexeren Verständnis ihrer Macht und Fähigkeit, die grundlegenden Elemente der Materie … im Zusammenhang des Lebens, wie wir es kennen, zu transformieren und neu zu designen, nicht nur wahrnehmen, sondern auch verstehen. Die neu sich entwickelnden Technologien bahnen den Weg für eine Kommerzialisierung des Lebens auf einer grundlegenden Ebene. Die Debatte über Patentrechte und die Macht von Gesellschaften zeigen dies klar. Doch dieser Prozess hat noch tiefere Konsequenzen für das Verständnis der Welt-Gemeinschaft und das weitere Netz des Lebens als dem Ort in und der Bedeutung der Menschen für das Leben in der Gemeinschaft und der Schöpfung. Wenn wir auf diese Entwicklungen aus der Perspektive derer schauen, die in diesem Prozess zum Opfer wurden, dann müssen wir den Fokus auf die Armen und Marginalisierten in der Gemeinschaft der Menschen auf all diejenigen ausdehnen, die überhaupt von der weiteren Gemeinschaft des Lebendigen marginalisiert und ausgeschlossen sind. Neue und sich entwickelnde Technologien beeinflussen nicht nur die Sozialbeziehungen in Gemeinschaften, sondern überhaupt die gesamte Menge von Beziehungen zwischen allen Formen des Lebens. Jede brauchbare Lösung wird nicht nur von menschlicher Wahl und Aktion abhängen. Andere Formen des Lebens sind ebenfalls betroffen und reagieren oft in unvorhersehbarer Weise und führen so die menschliche Spezies zu neuen Risiken. Nötig ist hier die Erkenntnis des gemeinsamen Schicksals und Zwecks all derer, die zu der weiten Lebensgemeinschaft auf Erden gehören.«

> **»Kirchliche Texte kritisieren nicht das menschliche Erkenntnisstreben als solches, sondern in erster Linie eine nicht hinreichend verantwortliche Verwendung der wissenschaftlichen und technologischen Erkenntnisse.«**

Diese und weitere kirchliche Texte kritisieren nicht das menschliche Erkenntnisstreben als solches, sondern in erster

Linie eine nicht hinreichend verantwortliche Verwendung der wissenschaftlichen und technologischen Erkenntnisse. Der Maßstab für eine verantwortliche Erarbeitung und Verwendung wissenschaftlicher Kenntnisse sind in diesen kirchlichen Texten die Marginalisierten und Machtlosen in den Gesellschaften bzw. die in irgendeiner Hinsicht von der Anwendung wissenschaftlicher Erkenntnisse und technologischer Kenntnisse betroffenen Menschen.

> Die kritische Frage aus der Sicht des Glaubens an den wissenschaftlichen und technologischen Fortschritt lautet: Kommt der wissenschaftliche und technologische Fortschritt wirklich den davon betroffenen Menschen, den Marginalisierten und den Machtlosen in den Gesellschaften zugute – oder nur denen, die damit ihre politische, ökonomische und kulturelle Macht steigern?

Diese kritische Frage ist unter der Voraussetzung einer unbedingten Bejahung der Wissenschaften, ja, einer hohen Erwartung an die Wissenschaften formuliert. Sie richtet sich keineswegs gegen die Wissenschaften als solche, sondern vor allem an die politische und kulturelle Rolle der Wissenschaften.

> Das wissenschaftliche Forschen um des Erkennens, Verstehens und Wissens willen, zur Verbesserung der Lebensbedingungen von Menschen und Lebewesen oder für mehr Gerechtigkeit und Frieden im globalen Zusam-

menleben aller Menschen wird aus der Sicht des Glaubens in den kirchlichen Texten für unverzichtbar und für unbedingt erforderlich gehalten. Um der so bejahten Wissenschaften willen wird aus Sicht des Glaubens jedoch kritisiert, wenn Wissenschaften ideologisch zu werden drohen oder wenn die wissenschaftlich verfolgten Interessen vor allem einer politischen und ökonomischen Machtsteigerung dienen und insofern die Freiheit der Wissenschaft gefährdet ist.

Literatur

Born, Max: Von der Verantwortung des Naturwissenschaftlers. Gesammelte Vorträge, München 1965.

Bultmann, Rudolf: Neues Testament und Mythologie. Das Problem der Entmythologisierung der neutestamentlichen Verkündigung, München 1988.

Ebeling, Gerhard: Dogmatik des christlichen Glaubens, Bd. 1, Tübingen 1979.

Heisenberg, Werner: Schritte über Grenzen. Gesammelte Reden und Aufsätze, München ²1973.

Jonas, Hans: Das Prinzip Verantwortung. Versuch einer Ethik für die technologische Zivilisation, Frankfurt 1979.

Transforming Life. Vol. II: Genetics, Agriculture and Human Life. Discussion-Document by the Working Group on Genetic Engineering of the Justice, Peace and Creation Team, World Council of Churches & World Association for Christian Communication, 2005. Eigene Übersetzung, online unter: http://www.oikoumene.org/en/resources/documents/wcc-programmes/justice-diakonia-and-responsibility-for-creation/science-technology-ethics/transforming-life-volume-2.

Transforming Life. Vol. I: Convergent Technologies, World Council of Churches & World Association for Christian Communication, 2005. Eigene Übersetzung, online unter: http://www.oikoumene.org/en/resources/documents/wcc-programmes/justice-diakonia-and-responsibility-for-creation/science-technology-ethics/transforming-life-volume-1.

Weizsäcker, Carl Friedrich von: Der Garten des Menschlichen, München 1977.

Editorial zur Reihe

Im Gespräch mit Gemeindegliedern und besonders in der Zusammenarbeit mit ehrenamtlichen Mitarbeiterinnen und Mitarbeitern in Kirche und Diakonie lässt sich zunehmend ein sehr großes Interesse an theologischen Fragen beobachten. Viele wünschen sich, theologisch besser informiert zu sein. Vor allem kirchliche Mitarbeiter im Ehrenamt verstehen sich nicht als bloße »Helfer« der Pfarrer, sondern als Partner auf gleicher Augenhöhe. Um sich aber mit ihren spezifischen Erfahrungen und Kompetenzen sinnvoll einbringen zu können, brauchen sie theologische Bildung. Erst theologische Sachkenntnis ermöglicht ein angemessenes Wirken nach innen und nach außen. Und: Theologie ist eine spannende Sache, die Leidenschaft weckt und helfen kann, angstfrei in Gemeindegruppen Diskurse zu führen und zu leiten oder mit Menschen ohne jeden religiösen oder christlichen Hintergrund zu debattieren und ihnen den eigenen Glauben zu erklären.

Theologisches Wissen darf deshalb nicht den für kirchliche Berufe Ausgebildeten vorbehalten bleiben. Die Reihe »Theologie für die Gemeinde« stellt sich dieser Aufgabe. Sie präsentiert die wichtigsten theologischen Themen für Gemeindeglieder in 18 Taschenbüchern, von denen jeweils drei die Thematik eines Teilbereiches entfalten:

Die Grundlagen kennen:	Warum Gott? / Der Mensch in seiner Würde und Verantwortung / Die Kirche
Die Quellen verstehen:	Glaubenserfahrung im Alten Testament / Glaubenserfahrung im Neuen Testament / Die Bibel verstehen und auslegen
Gottesdienst feiern:	Kirchenräume und Kirchenjahr / Gottesdienst verstehen und gestalten / Geistlich leben

In der Welt glauben:	Glaube und Wissenschaft / Glaube und Ethik / Christsein in pluralistischer Gesellschaft
Gemeinde gestalten:	Gemeinde entwickeln und leiten / Eine kleine Gemeindepädagogik / Diakonie, Seelsorge, Mission
Die Geschichte wahrnehmen:	Kirchengeschichte im Überblick / Die Reformation und ihre Folgen / Ökumenische Kirchenkunde

Mit den verschiedenen Bänden unserer Reihe sollen den Gemeindegliedern preiswerte und ansprechende Taschenbücher angeboten werden, in denen Fachleute in kompakter Form und elementarisierender Sprache zu den wesentlichen Themen der Theologie Auskunft geben – ohne zu viel an Vorwissen zu unterstellen, aber auch ohne die Glaubens- und Lebenserfahrung der Leserschaft und die in unseren Kirchen diskutierten Fragen zu übersehen.

Für die Mitarbeit konnten wir Autoren und Autorinnen aus dem universitären Bereich und gemeindenahen Zusammenhängen sowie Mitarbeiter an Projekten und Aufgaben der VELKD gewinnen, Frauen und Männer aus verschiedenen Generationen aus Sachsen, Thüringen, Sachsen-Anhalt, Nordrhein-Westfalen, Baden-Württemberg und Bayern.

Die so entstandenen Bücher sind zur privaten Lektüre gedacht und leiten zur persönlichen Auseinandersetzung mit den Themen des Glaubens an. Sie können aber ebenso Anregungen für das Gespräch in Gemeindeseminaren, Bibelkreisen oder Hauskreisveranstaltungen geben und die Arbeit im Kirchenvorstand unterstützen. Insofern sind sie im besten Sinne »Theologie für die Gemeinde«.

Heiko Franke / Wolfgang Ratzmann

Zu den Autoren

Rainer Eckel, Dr. rer. nat., Jahrgang 1977, studierte Physik, Chemie, Philosophie und Evangelische Theologie in Bielefeld, Basel und Münster. Bis 2007 arbeitete er in der Forschung, seitdem ist er als Lehrer tätig, zur Zeit an einem Paderborner Gymnasium. An der Universität Münster arbeitet er an einer Dissertation über ein religionsphilosophisches Thema.

Hans-Peter Großhans, Dr. theol., Jahrgang 1958, studierte Theologie und Philosophie in Tübingen und Oxford. Er ist Professor für Systematische Theologie an der Evangelisch-theologischen Fakultät der Universität Münster und leitet dort das Seminar für Systematische Theologie und das Institut für Ökumenische Theologie.

THEOLOGIE FÜR DIE GEMEINDE
präsentiert die wichtigsten theologischen Themen aufbereitet für die praktische Gemeindearbeit. Im Blickpunkt stehen Ehrenamtliche und aktiv mitarbeitende Gemeindeglieder.

Theologie ist spannend. Vor allem aber ermöglicht die Beschäftigung mit theologischen Grundlagen, unbefangen und kompetent über den eigenen Glauben zu sprechen und Zusammenhänge zu erklären. Dabei zu helfen, ist das Anliegen dieser Buchreihe. Fragen wie »Gibt es einen Teufel?« oder »Was ist ein Sakrament?« werden ebenso geklärt wie die Bedeutung der christlichen Feiertage und die Lehre der Dreifaltigkeit. In Zusammenfassungen und Übersichten werden die wichtigsten Informationen leicht verständlich dargestellt.

Idee und Konzeption der Reihe wurden von Dr. Heiko Franke und Prof. Dr. Wolfgang Ratzmann in Zusammenarbeit mit der Ehrenamtsakademie der Evangelisch-Lutherischen Landeskirche Sachsens unter Leitung von Joachim Wilzki entwickelt. Unterstützt wird das Projekt von der Vereinigten Evangelisch-Lutherischen Kirche Deutschlands (VELKD).

EVANGELISCHE VERLAGSANSTALT
Leipzig   www.eva-leipzig.de   facebook.com/leipzig.eva

Telefon 03 41 / 7 11 41-16 | Fax 03 41 / 7 11 41-50 | E-Mail vertrieb@eva-leipzig.de

I Die Grundlagen kennen

Wilfried Härle
Warum Gott?
Für Menschen die mehr wissen wollen

Den eigenen Glauben verstehen und erklären können wird gerade in unserer säkularisierten Welt immer wichtiger. Wilfried Härle bietet dafür eine konkrete Hilfe, indem er theologische Zusammenhänge leicht verständlich erklärt und darstellt, was es mit dem Glauben an Gott auf sich hat.

2013 | ThG I/1 | 312 Seiten | ISBN 978-3-374-03143-6
€ 14,80 [D] (Paperback) | **€ 14,99 [D]** (E-Book)

Gunda Schneider-Flume
Wenig niedriger als Gott?
Biblische Lehre vom Menschen

Die biblische Tradition nimmt den Menschen aus der Perspektive der Geschichte Gottes wahr. Die vielen Lebens- und Glaubenserfahrungen der Menschen, von denen die Geschichten der biblischen Bücher erzählen, müssen in die heutige Zeit übersetzt werden.

2013 | ThG I/2 | 112 Seiten | ISBN 978-3-374-03182-5
€ 9,90 [D] (Paperback) | **€ 9,99 [D]** (E-Book)

Heiko Franke | Manfred Kießig
Wo der Glaube wohnt
Das Wesen und die Sendung der Kirche

Wie ist die Kirche entstanden? Was macht die Kirche zur Kirche? Wozu ist die Kirche da? Wie verhalten sich Kirche und Reich Gottes zueinander? Vor dem Hintergrund solcher Fragen werden die Grundzüge einer Lehre von der Kirche vorgestellt. Sie orientieren sich an den Grundentscheidungen der Reformation, bringen aber gleichzeitig dem Wirken des Heiligen Geistes in der Ökumene Aufmerksamkeit und Achtung entgegen.

2013 | ThG I/3 | 136 Seiten | ISBN 978-3-374-03185-6
€ 9,90 [D] (Paperback) | **€ 9,99 [D]** (E-Book)

EVANGELISCHE VERLAGSANSTALT
Leipzig ✒ www.eva-leipzig.de f facebook.com/leipzig.eva

Telefon 03 41 / 7 11 41-16 | Fax 03 41 / 7 11 41-50 | E-Mail vertrieb@eva-leipzig.de

II Die Quellen verstehen

Martin Rösel
Von Adam und Eva bis zu den kleinen Propheten
Glaubenserfahrung im Alten Testament

Die Darstellung des Alten Testaments von Martin Rösel zeichnet die Vielstimmigkeit der biblischen Texte nach, in der sich die Gotteserfahrungen Israels ausdrücken.

2014 | ThG II/1 | 112 Seiten | ISBN 978-3-374-03187-0
€ 9,90 [D] (Paperback) | **€ 9,99 [D]** (E-Book)

ERSCHEINT AUGUST 2015
Matthias Rein
Von Bethlehem bis zum neuen Jerusalem
Glaubenserfahrung im Neuen Testament

2015 | ThG II/2 | ca. 96 Seiten | ISBN 978-3-374-03195-5
€ 9,90 [D] (Paperback) | **€ 9,99 [D]** (E-Book)

ERSCHEINT FEBRUAR 2015
Christoph Kähler
Ein Buch mit sieben Siegeln?
Die Bibel verstehen und auslegen

2015 | ThG II/3 | ca. 96 Seiten | ISBN 978-3-374-03192-4
€ 9,90 [D] (Paperback) | **€ 9,99 [D]** (E-Book)

EVANGELISCHE VERLAGSANSTALT
Leipzig www.eva-leipzig.de facebook.com/leipzig.eva

Telefon 03 41 / 7 11 41-16 | Fax 03 41 / 7 11 41-50 | E-Mail vertrieb@eva-leipzig.de

III Gottesdienste feiern

Bettina Naumann
Heilige Orte und heilige Zeiten?
Kirchenräume und Kirchenjahr

Das Buch folgt den Spuren des Anfangs: Wie entstanden Lebensrhythmen und Glaubensräume, welchem Wandel waren sie unterworfen?
Es beschreibt auch die Aufgaben und Herausforderungen, vor denen Kirchen und Gemeinden heute stehen.

2013 | ThG III/1 | 120 Seiten | ISBN 978-3-374-03149-8
€ 9,90 [D] (Paperback) | **€ 9,99 [D]** (E-Book)

ERSCHEINT SEPTEMBER 2014
Erik Dremel | Wolfgang Ratzmann
Nicht nur am Sonntagvormittag
Gottesdienst verstehen und gestalten

Hinter liturgischen Handlungen stehen interessante Konzepte und Ehrenamtliche dürfen wissen, wie man eine Predigt oder Andacht schreibt.

2014 | ThG III/2 | ca. 208 Seiten | ISBN 978-3-374-03190-0
€ 12,90 [D] (Paperback) | **€ 12,99 [D]** (E-Book)

ERSCHEINT FEBRUAR 2015
Thomas Schönfuß
Fromm und frei
Geistlich leben

Christlicher Glaube ist im Kern kein Für-Wahr-Halten bestimmter Sätze. Er ist eine vom Vertrauen zu Gott geprägte Lebensweise, die sich ausdrückt in Liedern und Gebeten, Andacht und Gottesdienst, Bibellesen und Meditation. Es geht der Veröffentlichung um den evangelischen Variantenreichtum eines geistlichen Lebens.

2015 | ThG III/3 | ca. 96 Seiten | ISBN 978-3-374-03191-7
€ 9,90 [D] (Paperback) | **€ 9,99 [D]** (E-Book)

EVANGELISCHE VERLAGSANSTALT
Leipzig 🖋 www.eva-leipzig.de 🅵 facebook.com/leipzig.eva

Telefon 03 41 / 7 11 41-16 | Fax 03 41 / 7 11 41-50 | E-Mail vertrieb@eva-leipzig.de

IV In der Welt glauben

ERSCHEINT FEBRUAR 2015

Rainer Eckel | Hans-Peter Großhans
Gegner oder Geschwister
Glaube und Wissenschaft

2015 | ThG IV/1 | ca. 96 Seiten | ISBN 978-3-374-03193-1
€ 9,90 [D] (Paperback) | **€ 9,99 [D]** (E-Book)

Michael Kuch
Richtig handeln
Glaube und Ethik

Richtig handeln – das Thema stellt sich spätestens
dann, wenn sich unser Tun nicht mehr von selbst
versteht. Um in Konflikten oder Krisen begründet
entscheiden zu können, bedarf es der Orientierung über
sinnvolle Handlungsmöglichkeiten. Dieses Buch gibt
dafür Anregungen.

2014 | ThG IV/2 | 112 Seiten | ISBN 978-3-374-03188-7
€ 9,90 [D] (Paperback) | **€ 9,99 [D]** (E-Book)

Christoph Seele
Staat und Kirche
Christsein in pluralistischer Gesellschaft

Die Kirchen sind geistliche Heimat für einen großen Teil
unserer Bevölkerung, aber auch für nicht- oder anders-
religiöse Bürgerinnen und Bürger ist das Christentum
ein wichtiger gesellschaftlicher Bezugspunkt. Christoph
Seele will genau diese Situation in den Blick nehmen und
Fragen zum Verhältnis von Staat und Kirche stellen.

2014 | ThG IV/3 | 128 Seiten | ISBN 978-3-374-03183-2
€ 9,90 [D] (Paperback) | **€ 9,99 [D]** (E-Book)

EVANGELISCHE VERLAGSANSTALT
Leipzig www.eva-leipzig.de facebook.com/leipzig.eva

Telefon 03 41 / 7 11 41-16 | Fax 03 41 / 7 11 41-50 | E-Mail vertrieb@eva-leipzig.de

V Gemeinde gestalten

Wolf-Jürgen Grabner
Auf Gottes Baustelle
Gemeinde leiten und entwickeln

Kirchenvorstände, Gemeindekirchenräte und Presby-
terien tragen eine hohe Verantwortung. Sie leiten den
Auf- und Ausbau, den Weiter- oder auch Umbau ihrer
Kirchengemeinde. Wolf-Jürgen Grabner will mit seinem
Büchlein motivieren, sich diesen Aufgaben engagiert,
freudig und mit Professionalität zu stellen.

2013 | ThG V/1 | 136 Seiten | ISBN 978-3-374-03186-3
€ 9,90 [D] (Paperback) | **€ 9,99 [D]** (E-Book)

ERSCHEINT SEPTEMBER 2014

Simone Merkel | Matthias Spenn
Glauben lernen und lehren
Eine kleine Gemeindepädagogik

Christlicher Glaube erschließt sich durch Bildung und
bewirkt Bildung. Auch wenn Glaube nach neutestament-
licher Vorstellung Gabe des Heiligen Geistes und nicht
Ergebnis von »Lehren und Lernen« ist, bedarf aber doch
die Antwort des Menschen des Wissens.

2014 | ThG V/2 | ca. 96 Seiten | ISBN 978-3-374-03184-9
€ 9,90 [D] (Paperback) | **€ 9,99 [D]** (E-Book)

Jürgen Ziemer
Andere im Blick
Diakonie, Seelsorge, Mission

Diakonie, Seelsorge und Mission werden als Kernaufga-
ben der Gemeinde dargestellt, die tief in der biblischen
und historischen Tradition des Christentums verankert
sind. Heute gilt es, auch den neuen, durchaus aufregen-
den Herausforderungen gerecht zu werden, die sich für
diese Aufgaben in der modernen, weithin säkularisierten
Gesellschaft ergeben.

2013 | ThG V/3 | 128 Seiten | ISBN 978-3-374-03148-1
€ 9,90 [D] (Paperback) | **€ 9,99 [D]** (E-Book)

 EVANGELISCHE VERLAGSANSTALT
Leipzig www.eva-leipzig.de facebook.com/leipzig.eva

Telefon 03 41 / 7 11 41-16 | Fax 03 41 / 7 11 41-50 | E-Mail vertrieb@eva-leipzig.de

VI Geschichte wahrnehmen

ERSCHEINT SEPTEMBER 2014

Veronika Albrecht-Birkner
Vom Apostelkonzil bis zum Montagsgebet
Kirchengeschichte im Überblick

Die Überblicksdarstellung zeigt Grundfragen unseres
Umgangs mit der Kirchengeschichte und der Kirchenge-
schichtsschreibung auf. Es werden Schlüsselereignisse
erläutert: Vom Mittelalter über die Reformation bis
zur Kirchengeschichte der BRD und der DDR bis 1989.
Wissenskästen mit Kerndaten und zentralen Namen
sowie Zusammenfassungen bieten rasche Orientierung.

2014 | ThG VI/1 | ca. 248 Seiten | ISBN 978-3-374-03189-4
€ 9,90 [D] (Paperback) | **€ 9,99 [D]** (E-Book)

ERSCHEINT AUGUST 2015

Armin Kohnle
Luther, Calvin und die anderen
Die Reformation und ihre Folgen

2015 | ThG VI/2 | ca. 96 Seiten | ISBN 978-3-374-03194-8
€ 9,90 [D] (Paperback) | **€ 9,99 [D]** (E-Book)

ERSCHEINT AUGUST 2015

Michael Markert
Ein Herr und tausend Kirchen?
Ökumenische Kirchenkunde

2015 | ThG VI/3 | ca. 96 Seiten | ISBN 978-3-374-03196-2
€ 9,90 [D] (Paperback) | **€ 9,99 [D]** (E-Book)

EVANGELISCHE VERLAGSANSTALT
Leipzig www.eva-leipzig.de facebook.com/leipzig.eva

Telefon 03 41 / 7 11 41-16 | Fax 03 41 / 7 11 41-50 | E-Mail vertrieb@eva-leipzig.de

Adelheid Schnelle (Hrsg.)

Gottesdienste mit Kindern

Handreichungen von Neujahr bis Christfest 2016

352 Seiten | 14,5 x 21,5 cm
Paperback mit CD-ROM
ISBN 978-3-374-04079-7
EUR 18,80 [D]

Für jeden Sonntag des Jahres 2016 bietet diese praxiserprobte Handreichung komplett ausgearbeitete Kindergottesdienste nach dem Plan des Gesamtverbandes für Kindergottesdienst. In 14 thematischen Einheiten finden sich Anregungen für unterschiedliche Altersstufen und Gruppenstärken. Außerdem sind enthalten: Gestaltungsvorschläge für Familiengottesdienste, für Gottesdienste zur Jahreslosung und zum Schulbeginn, Entscheidungshilfen für monatliche Kindergottesdienste sowie Hinweise zu den Bibeltexten und Themen, Liturgievorschläge, Erzähl- und Anspieltexte, Gesprächsimpulse, Anregungen für kreative Gestaltung, Spielanleitungen, Lieder und Kopiervorlagen.

EVANGELISCHE VERLAGSANSTALT
Leipzig   www.eva-leipzig.de

Tel +49 (0) 341/ 7 11 41 -16   vertrieb@eva-leipzig.de